やわらぎの黙示

ことむけやはす 一

矢追日聖

野草社

◎

ことむけやはす㈠　やわらぎの黙示　矢追日聖＝著　野草社

◎

やわらぎの黙示…………〔目次〕

日本精神の源流――長曽根邑のすめらみこと……123

戦後の日本とともに……143

あしあとをきざむ……215

私の大ぶろしき……237

現身《うつしみ》はよしくつるとも永久《とこしえ》に
結ぶ心のかわるものかは
日聖

和の光、ここにあり

『大倭』第1号
昭和23年10月発行

神　示

黎明《れいめい》は訪れたり東方の光
大法は立てり大倭太加天腹《オオヤマトタアカアマノハラ》

昭和二十一年八月十二日、暮色《ぼしょく》おもむろに四方の山々を包まんとする頃、日聖《にっしょう》が牛草を刈り終わり帰途につかんとする刹那《せつな》、大空に瑞相《ずいそう》が顕われこの神示が日聖の耳に聞こえてきたのである。

郷里に帰る

昭和十八年の十二月であった。海軍からの徴用《ちょうよう》令書が来た。

「すべては神《かん》ながらなのだ、もうこの事業もこれで中止せよとの神示に違いない。行けば日聖も肉体のある一人間だ、生死の程は分からない。これでひとまず清算しよう」

と家の子達に語った。そしてその翌日、所定の時間に東京都庁前に集合するために家を出たのだが、肝心の令書を忘れて大久保駅から取りに帰った。

横須賀へ入団のはずが人員の都合で静岡の藤枝に廻された。一同と最後の別れをして東京駅をたった。蓮沼の田地を埋め立てたばかりのぶくぶくの土を踏んで、新兵舎に海軍生活の一夜を明かした。寒風の吹く、或る小学校の校庭にて再びいろいろな検査があり、最後に心臓弁膜症だと言われ、徴用解除となった。その日の夜、再び東京に帰った。家の子達が言った。「だからいわんこっちゃない。四、五日たって結果をみてからにすればよかったのに」と。

それから日聖は夜の神殿に独り額《ぬか》ずいて神拝をした。時に日聖の守護神が来て教えてくれた。

「出発の時に令書を忘れた意味も日聖には分かるだろう。出発終点、因果の理法はそこにあるのだ。日聖よ、早急に大倭に帰り農耕せよ。二ケ年でよい。」

大久保の「金の玉御殿」として、かつて神道界に知られ、東京名物の一つであったこの奇怪な建物は、日聖が入るまではお化け屋敷だとか、これに類する種々なる風評があって、近所の人々も奇異を感じていた。

その間、われと思わん神様連がここに座を占めようと来たそうだが、何《いず》れも霊威に負けて退散したとの話である。日聖は何も知らないが縁あってかここに入るようになった。今は亡き阿波松之助《あわまつのすけ》氏の厚意が、思えば未だ日聖の魂に鎮《しず》まっている。この三階の金の玉神殿に初めて拝んだ時、白衣白鉢巻の験者《げんじゃ》の姿の老人が現われたので、この人がここに入る人達を悩ますのだと知り、この話を元からこの家の一室にいた東秀生《あずましゅうせい》老人に語って、それが川面凡児《かわづらぼんじ》の霊であることを知った。これを機として東老人とも家族になり、日常生活の世話までする仲となった。約十年開かずの雨戸を明け、柱に積るカビをとり、毎日日聖はブクブクとふくれたいやな臭いのする奥十二畳の間、かつて凡児が亡くなったという部屋で寝起きして、当分掃除することにつとめた。

屋敷は六百坪程あるし、建物は百六十坪あったので、一巡廻るのに四時間を要した。人間らしき住居《すまい》になった頃、日聖はこの建物を生かす方法を考えた。それは少年保護事業であった。

その時はもう昭和十六年になっていた。戦争中でもあるし、何をやるにも思わしくいかないのが普通であったが、国家の将来を考え宗教人のあり方としてまずやるべきは少年の教護、将来に於ける真の日本人を今から用意しておかねばなるまいと考えたのである。神殿造りになっているこの建物を百人ばかり収容する寮に、まず改造を始めた。いろいろと支障があって工事はなかなか進捗《しんちょく》しなかった。何とか竣工の運びとなったのが、もはや十八年の終わりに近かった。駿河台《するがだい》の少年審判所の子供をあずかる交渉を始めた。

その頃しきりに憲兵や特高が訪ねてきて、その事業のことを聞いた。日聖は自説をありのまま語った。こうしていよいよ多年の宿望たる教護事業に今や着手せんとした時、日聖は徴用という法にて引っこぬかれた。おお神《かん》ながら神ながらだ。気前よく一切を整理して、大倭に帰る準備に取りかかった。建物はそのままに鉄道省の錬成場に貸し、その家賃は在京の家の子の小遣いに当ててやった。

明けて十九年早々に東京を引き揚げて、大倭の懐かしの故郷に帰ることになった。五月東都大空襲の時、歴史的な金の玉御殿は一瞬にして灰燼《かいじん》に帰してしまった。それから間もなく、残った屋敷を買い手があるから売ろうかと家の子から言ってきたので、処分せよと返事をやった。どこかの建築屋が買ったそうだが、どうしたことか日聖の所へはまだ金は送ってこないのでほってある。

こんな因縁の複雑な土地では何をやってもうまくいくまい。お気の毒であるがまた何時《いつ》かは宗教的事業を誰かこの土地でやるようになるだろう。

百姓の味を知る

旭を受けた雪だるまが故郷に帰ったような姿である。牛小屋もなし、一束の藁《わら》もないのに牛を買った、牛車も買った。世間の人は気狂いと言ってくれた。気狂いには違いない、嬉しく感じた。農具は一通り揃えた。病弱の老父を相手に八反歩の耕作を始めた。どうせ耕す田地は山田で、小作人がいやがるような不利な所にあるは言うまでもない。殆《ほとん》ど開墾しなければ使えない下等田であった。労力のかかること、泣きたくなる日もあった。それに供出制度になっていたので責任がある。生まれて初めての百姓、十年の経験を一年で知るほどの無茶な重労働であった。加うるに旱害《かんがい》が重なったので、労して効なしだった。毎朝農にでる時は、十六貫ばかりの肥《こえ》タゴを肩に乗せ、夕方は牛草を一荷《いっか》しっくりと担って帰る。肩はとうとう擦《す》りむけて血がにじんでいた。母は綿の厚い肩あてを作ってくれた。なれない仕事ではあったが、神命なればこそ、空襲下この勤労を喜びながら耐えることができたのである。

土の香り、土の味、そして汗の神聖さなど、更に体験することができた。天地自然の恵み、言い換えれば、天津神《あまつかみ》、地津神《くにつかみ》の広大無辺なる神秘力、これこそ我々人間に神から与えられた無二《むに》の悟りの場であることを痛感させられた。夏の日ざかり木蔭《こかげ》に一休みしながら、大地にごろ寝して大空を仰いだとき、釈迦じゃないが「天上天下唯我《てんじょうてんがゆいが》独楽《どくらく》」とでも言いたいような気分がする。

日聖には師匠がない、それは人間の師匠である。だが日聖には絶対師がある。それはわが霊であり、土である。日聖の肉体を家とするわが霊は、常にわれと共にあって、一切を指導する。天地は常にわが霊にささやく。時には、

「おお、楽しめる者、日聖よ
おお、苦しめる者、日聖よ
おお、悩める者、日聖よ
悟れば日聖よ、楽もなし、苦もなし、悩みもなし
ただ日聖に与えられたる定道を、日聖は勇敢に歩いているのみ
日聖は、これを楽しみと観、苦しみと観、悩みと観る
ああ、凡夫《ぼんぷ》かな、凡夫かな」

思えば、ずばり日聖は凡夫に違いない。飯も食えばクソもたれる。喧嘩もしたし、泣きもする。酒は生まれつき飲めないが、その雰囲気では騒ぎもする。女性とあらば犬でも好き。こんなやくざな愚凡な男に、なぜ神はこんな神聖な大役を与えられたのか、日聖不思議の一つである。日聖はもともとこんな道に入るつもりではなかったのだが、無形の縄であやつられて、とうとうこの道に追い込まれてしまったのだ。どんなにぬけようと努力しても駄目であった。日聖はどう見ても愚者で

はあるが、この愚者の肉体に宿っている自己本霊が、はからずも霊界にあっては、法主《ほうしゅ》の資格であったことを今になって分かってきた。そして愚者なればこそこの資格は完全に保持でき得るのだと。だが臨終《りんじゅう》のときになってこれは言い得ることなんだ。

日聖が絶対的と信じているものは、天地自然の不可思議なる大法「神ながら」あるのみである。この前にはただ頭がさがる。合掌もする。呵々《かか》大笑《たいしょう》することもあれば、しくしく泣くこともある。恐《かしこ》み、恐《かしこ》みだ。

東方の瑞光《ずいこう》

昭和二十一年八月十二日であった。現今わが大倭教大本宮《おおもとみや》のあるところに、日聖の所有地、田畑約一町歩あまりと山林がある。山田であるから五反歩ばかり耕作し、そのほかは荒れほうだい、松や雑木《ぞうき》が多く茂っていた。

この日はこの地で田の水を見て廻り、午後から田の尻畦《しりげ》の草を刈っていた。もう日が西の山に没するころを見計らって、日聖は牛草だけを集めて籠《かご》につめ始めた。うつむいて足でぐんぐん踏みつけていると、頭が大空の方に急に強く引き上げられる。抵抗しながら力を入れて草を踏んだ。ちょっと力を抜くと引き上げられる。これは何かの霊的現象だと思って何気なく頭をあげた。その刹那、日聖は驚いた。なんと雄大なる自然の美観、しばし恍惚《こうこつ》として東に向かい、思わず合掌した。
春日の連峰はうす暗く、長く南北に一線をひいている。そしてその山際は正に暁《あかつき》のように、時に四本の紫紺の光あたかもサーチライトの如く、放射状に東から西へ延び広がっていた。更に四本の影の如き薄い光が二重の虹のように大空を飾っていた。それは春日の山から生駒山《いこまやま》の上空に亘って、大倭の上を覆っている。夕日に映えた生駒の彼方もさながら暁の色、どちらを向いてもあけぼのの空、どちらが東か、どちらが西か、とまどうような実感であった。
しばらく眺めているうちに、光源よりやや南寄りに、満月が紺色の山影から徐《おもむ》ろに浮かびあがってきた。このとき、虚空《こくう》から遥《はる》かな声が響いてきた。
黎明は訪れたり
東方の光
大法は立てり
大倭タアカアマノハラ
敗戦後、満一ケ年の八月、しかも旧暦七月十五日のこの瑞祥《ずいしょう》、いい知れぬ謎が秘められていることは分かる。
月はゆるゆるとのぼる。夕闇は蒼然《そうぜん》として迫る。無限大なるこの大空に画けし美観は、刻々として色の変化を示しつつ、薄くぼかして消え去ってゆく。

「日聖よ、月を眺めて何を悟ったか？」

と、感応で受けたのであったが、日聖はただ神秘に打たれて、ただ茫然とするばかりと切り返した。

どの種の人格神か知らないが、懇《ねん》ろに日聖に話しかけてくる。

「わが日本《ひのもと》は、世界の中心である。今日、この所で、只今拝した月をみて悟れ。

日聖よ、よく考えてみよ。

満月が日没と相前後して東から上るのは、わが日本の領土である。

欠けたる月は、日没どきにどの辺にかかっているか。」

この霊示は大倭礼讃《らいさん》の方便的なものか、それとも天文学的な裏付けをもった真実であるのか、日聖には全然分からなかった。とは言うものの地球を想像し月の運行を考えてはみたが、とうてい考えの及ぶところではなかった。

正直に言うなれば、日聖はこの大倭瑞穂国《みずほのくに》日本に生まれ、この土に育ってきたので、日暮れになると満月は東から上ることに、何ら不思議はなかったのである。どこの国でもそうだと実は思っていたのだが、この問題をこの歳になって真剣にとらえたことはまったく恥しい限り。日本から支那へと、西方の国々の国旗には、星や欠けた月の印が多いことにも、改めて気がついた。

勿論《もちろん》この瑞祥は、大倭の立教開宣の奇瑞《きずい》であった。かつて釈尊が生まれた時は百花一時《ひゃっかいちじ》に咲いたとか、日蓮が生まれた二月に蓮の花が咲いたとか伝えているが、大倭は趣《おもむ》きを異《こと》にして天空に顕幽《けんゆう》一体とした自然現象をもって神威を現わされたのである。

世界平和建設にこの日本が否大倭が、どれほど重大な意義役割を負わされているかをうかがうことができる。そしてこの日本島根《ヤマトシマネ》が、地球創成の頃より既に地球の中心としての位置にあったと信じたいのである。日聖は信じている。

日は表であり、月は裏である。日本の国名も、日の丸の国旗も、表裏《ひょうり》一体、日月《じつげつ》一体の理から生まれたものに他ならない。

大倭教は立つ

戦争、人類の一大悲劇、これほど不幸なことはない。だがこれも神意である。

敗戦、日本民族の一大惨禍《さんか》、それも試練である。

神は日本民族を捨て給わず。試練また試練、辛酸《しんさん》日に増す。日本民族の恵まれたる幸、永劫《えいごう》の幸やいま芽生えんとしているのである。

道義の廃頽《はいたい》、飢餓《きが》疫病《えきびょう》の蔓延《まんえん》、噴火洪水の勃発《ぼっぱつ》、大旱魃《だいかんばつ》の襲来、鉄道事故、殺人強盗の頻発《ひんぱつ》等、挙げればきりがないが、その反面にこうした恟々《きょうきょう》たる人心を巧みにとらえて一仕事をねらう自称宗教家が、雨後の筍《たけのこ》の如く林立の兆《きざ》しが現われてきた。日聖が立つ天機、今や与えられたのである。

日聖は時代の流れに迎合《げいごう》して大倭教団を創設したのではない。あたかも月満ちて子供が産まれるに似ているのである。

この大自然、「神ながら」の動き、過去二十年の日聖の歩み、正に味の世界であった。日聖は、広大なる殿堂、何百万の信者、巨万の財産などを求めていない。ただ一途《いちず》に現界へ天降《あまくだ》る（転生）とき負わされた命《ミコト》のままに精進《しょうじん》あるのみである。

命《ミコト》もちてこの道をひたむきに邁進《まいしん》するとき、神は必ず命《ミコト》に必要とする物は、必要な時がくれば求めずとも与えるように仕組んでいるのである。無計画の中に神の計画があり、無統制の中に神の統制がある。

日聖は世俗の人達と同じく、母の胎内に宿り、地球の皮を住処《すみか》とする動物にすぎない。幽玄《ゆうげん》なる「神ながら」の味を知るまでは、相当に迷いもし、疑いもし、何回か生死の境を彷徨《さまよい》もした。死線を越えて初めてそれは日聖のものとなった。しかしこれは日聖の努力によって得たものではない。自然の摂理、いや、神が強引なる力によってこの地点に到達させたものだ。

人間が努力によって得た信念、人間が勉学によって得た知識などは、「神ながら」の神秘の前にはかくも小さき弱き存在であることを知った。

日聖がかつて計画した事業のすべては、およそ事業目的に相反する現象となるのが常であった。今にして思えば、そのことごとくが今日の日聖を生まんがための尊き基礎であったのだ。邪正不二《じゃしょうふに》、順逆一如《いちにょ》といった味が、こうした若き期間に体得させられたものと思う。

神ながらの味（大祖神《おおみおや》の垂示《すいじ》）は、わが教団が独占するような私的なものではない。あまねく世の人々に分かち与えなければならない。言葉を換えれば、世界的人類救済の啓示である。

大倭教（昭和二一・七・一七、設立登記）の名のもとに設立した宗教法人は、既成宗教と対立して宗教的闘争をする機関ではない。それはただ単に、日聖のこの自覚、こうした啓示などを広く世の人々に知らすがための足場的存在にすぎないのである。

日聖が叫ぶ宗教統一（昭和維新）は、世界のあらゆる宗教を大倭教一色に塗りつぶすような侵略的折伏《しゃくぶく》的意味ではなく、大祖神が示し給う「おおやまと」（現世楽土）建設のため、世界の宗教を挙げて大同団結し、各々がもつ尊さ、もち味を、各自がもつ宗教の環境、立場に即応して、教育、政治、経済、文化等あらゆる社会機構の裏面に、宗教があたかも地下水の如く注ぐところにある。多色彩は調和の姿である。顕幽、霊肉ともに一体となって所を得たとき、初めて真の平和境がある。

日聖はいま路傍《ろぼう》に佇《たたず》む愚凡な宗教家である。殿堂もなし、財産もなし、人格もなし、名誉もなし、大欲もなし、だがこの六尺足らずの細き肉体、これを操る天与の大使命《ミコト》、これだけが日聖に与えられた無二の殿堂であり、如意の財産であり、無限の信者であり、無比の人格であり、絶世の名誉であり、無我の大欲でもあるのだ。

日聖は黙々として神のまにまに己が使命の達成に全精魂を打ち込みながら、世界平和の捨石になることを、人生最高の悦《よろこ》びと信じている。
日聖は赤き血潮の大倭男子《やまとおのこ》である。

（昭和二十二年十二月四日　金鵄《きんし》大祭の日）

神慮に国境なし

昭和23年11月発行
『大倭』第2号

神　示

太陽は日本のみの太陽ではない
霊験は常に神《かん》ながらの実践に於いて
顕現《けんげん》する

昭和九年九月二十日、関西一帯を襲った一大颶風《ぐふう》、思うだに戦慄《せんりつ》を覚えるあの一大惨禍《さんか》の前日である。日聖《にっしょう》は故あって大倭《おおやまと》神宮の御前に額ずいた時、天《あま》津祖神《つみおや》よりの神示がこれである。明日の御神慮を恐《かしこ》みまつりつつ退下《たいげ》した。

昭和の飈風

大倭神宮は神武天皇大和《やまと》遷都《せんと》の以前に於けるヤマト朝の古都の地であって、大倭民族の祖廟《そびょう》であった。伝承ではあるがこの地方は国史にある金鵄発祥《きんしはっしょう》の霊地であると同時に、この宮は神武天皇の御親祭いわゆる鳥見《とみ》山中《やまなか》の霊畤《れいじ》でもある。科学者はこうした種類のものは伝承として認め得るが、歴史事実としては認めることはできない。それがために日本歴史より抹殺すべきだと主張し、現在そうなりつつある。

科学的立場に於いては勿論《もちろん》そうあるべきではあるが、我々の口碑《こうひ》にこうしたものが残っていることも、そこには何かの根拠あってのことであり、何千年の間伝えて来たところに、これを否定することの不可能な何ものかが存在するを認めるのである。たとえそれが真実であろうがなかろうが、とにかく大倭民族の血の中に魂の中に厳然と実在していたことは事実なんだ。日聖は事実と信じている。金鵄発祥の和の光、祭政一致の霊畤、中孝《しんこう》の根本精神は現今に於いても若々しく溌剌《はつらつ》として明日の政治の在り方を教えているではないか。

大倭神宮の神域も古代は相当広範囲であったらしいが、時代の変遷《へんせん》につれて栄枯《えいこ》盛衰《せいすい》は免れず、その神域も次第に蚕食《さんしょく》せられて住宅と化し、今は約三百坪程の狭隘《きょうあい》な霊地となった。明治維新の時、この霊地に鬱蒼《うっそう》と茂る古松《こしょう》の全部を伐採されたが、僅か二本神罰を恐れて残された。ところがその神木は今神宮の隣屋敷にあるので、神宮とは無関係になっている。所有主は何かの都合でこの大木を売却しようと考えた。

この頃から不思議にも松葉が枯色《こしょく》を現わし始めた。当主も眼を患って困っていた。数年の間にすっかり枯死の姿となったので、もし倒れたら近所が危険だと売却の話をあちこちと積極的に奔走《はんそう》したが、殆《ほとん》ど話がまとまるとまた駄目になる。こうしたことが数回あって、神木は僅かその姿だけを地上に現わし昔日《せきじつ》の面影をとどめていた。昭和九年九月十五日、大倭神宮の月次祭《つきなみさい》であったので参拝した。祭典半ばにして源平時代の甲冑《かっちゅう》をつけた武神が現われ、

「二十一日に切るらしいが、霊験を見て居れ。日本は神国である。世界平和の親国《おやぐに》たる所以《ゆえん》を示す。神力の不可思議を知れ。大倭の六合《りくごう》の中心地、八紘《はっこう》の基柱《もとばしら》はここにあり、神国の国民は神意を体せよ。よくよく味わい誤解してはならぬ。武は闘争でなく和を生み成すウブの働きをいう。神はマコト心の中に在りて、常に真理を守る」

と宣《のたま》い明恍《めいこう》たる太刀を抜き給い四方祓《ばらい》を行なわる。

それが終わってから厳粛な態度にて、

「われは源為義」

と宣い六方《ろっぽう》を踏んで別れの挨拶をなす。

話によると二十一日にはいよいよ切ることに決まった。もうこの神木も枯れたのだからどうせ切らねばならないが、この神宮は今日まで幾多の霊験のあった灼《あきら》かな霊地だけにただでは切れない。或いは杣《そま》師が即死するか、民家の上に倒れて一騒動起きるか、何かあるに違いないと思いながら、その前日淋しき老松《おいまつ》と別れの撮影をした。

当日となった。朝六時、空を仰いだ。静かな暁《あかつき》である。

大倭もなかに建てむ宮柱
　あまよ静けく守る大神

と口走った。七時頃より風が強くなり益々勢いは加わる一方である。かつての神風を思わせる物凄さだ。電車は倒れ、鉄柱の頭は曲がった。家屋は倒壊し高潮は襲う。おお霊験は現われた。鱗《うろこ》のような美しい雲が昨夜から大空に浮いて美観を添え、夢にもこうした惨禍を想像だに許さなかった。思えば万感胸にせまって落涙《らくるい》しばし止まらなかった。嵐のあとの静けさ、大空を仰いだ時、枯れた神木従容《しょうよう》として天に聳《そび》え、ゆるぎなき日本の姿を物語っているようだった。それから数日の後のことである。霊界に於いては既にこの神木にシメ飾りをはり神々が祓《はら》い清める実相を示されたので、近く最後の日の来るを予知した。その日は間もなく訪れた。天は晴れ何の事故もなく美しく静かにこの神木は奇蹟を残してこの世から姿を消したのである。

元寇《げんこう》の神風

元寇の時、神風の吹いたことは国史で教えている。その事実やその実状に就いては知らないが、とかく大風の吹いたことは事実と思う。これに就いては天佑神助とし、わが国は神国だからだと日本人には一般に信じられて来た。当時の日本としては幕府政治であり国内では武力闘争も行なわれていたが、侵略的に外国まで手を伸ばす意志もなければその実力も無かった。たまたま蒙古よりの軍勢が日本を襲ったのであるが、日本としてはとても武力に於いてその敵でなかったようだ。

大風の吹いたことによって日本はその難を免れたのであるが、何故その風が吹いたかということがこの戦《いくさ》の中心問題となる。曰《いわ》く神国なるが故に神助があったのだと、否季節の変わり目、風の吹きやすい時だったから偶然に起こったのだ、などという。然しこのことが事実とすれば神国なるが故と日聖はいう。神助であると日聖はいう。神秘は一切科学的であって不可思議のものではない。人智がまだ神秘の奇蹟の世界まで達してはいないということである。

神霊は必ず何か物質を通してその霊的現象を顕わすものである。物に現われるあらゆる現象の根本を科学的に探究することによって、神秘奇蹟とする謎の扉は開かれるものである。元寇の場合は蒙古が侵略であり日本は自衛上の防戦であった。神の助けは暴をいましめるべく顕われるものである。これは小さくは個人の場合も同じことで、日本が神国なればこそどこまでも正道、言い換えれば神《かん》ながらの道を歩まねばならぬ。それと同時に、神は日本の独占物でもなく、真理は日本にのみ存在するものでもない。ここでまた、諸外国もこれ神国である。

世界民族が神の子であり、世界各国がこれ神国なるが故に、神の動きはいかなる民族国家を問わず正しきものを助け、邪《よこしま》なるものには膺懲《ようちょう》があるはずである。神は普遍平等の慈悲をもって双方を救済されているのであって、神の本質から厳格にいえば神助もなければ神罰もない。神の慈愛を受ける人間の行為によって、それが神助と解し神罰と思っているにすぎないのだ。世界各国が神国なるが故に日本も神国である。元も神国なれば日本も神国である。元軍が日本近海でも最も波の荒い所に導かれたこと、時は季節風の吹く二百十日前後に選ばれたこと、これ神力のなすところであって、ここに神の絶対慈愛がある。

こうした大自然の現象、神の心を冷静に眺めた時、そのとった行動の正邪が自から判明する。結果に於いてこの戦の勝敗は決していないはずだ。神は正しき方向を示されたにすぎない。勝敗を神が決したものではない。日本がもし立場を換えた時、元と同じ運命になることは明白である。元寇に於ける神風をもって日本は神の守り給う国であるとの優越観を持つことは、独善的考え方であって大いに慎まねばなるまい。もし日本が神国なりと信じるならば、正義と平和をもって世界に冠たる国体を築き上げ、世界各国が日本をして世界の範たる国家と認め、世界各国が一様に日本を敬慕せる日、始めて神国なりの悦《よろこ》びを持つ時である。同時にこの地球の上に名実ともなう神国の顕現《けんげん》を日聖は理想とする。

大東亜戦争に於ける神域の空爆

大東亜戦争に於いては日本は敗けた。この結果から見て日本のとった行動、考え方は神意に添っていなかったことが分かる。ここで神意を探究しその線に進むところに、日本の生きる道、再建があるのだ。名古屋の大地震やそれに続く天災、大都市の空爆戦の不利等、あらゆる現象が日本の目的の裏に出ていた。中でも伊勢の神域の空襲、明治神宮の爆砕等、独善的神国論の盲者連は、霊験のなかったこと、神罰のあたらなかったことに対して、神も仏もあるものかと神を否定し、やけくそになった。

だが、神ながらの正道を国家が歩んでいない時、たとえそれが伊勢大神《いせのおおかみ》であろうと、明治神宮であろうと、霊験は零《ゼロ》であるはずだ。社《やしろ》が、鳥居《とりい》が決して神ではない。仏像が、石の地蔵さんが、決して仏菩薩《ぶつぼさつ》ではない。すべてその行ないに神があり仏があるのだ。大倭教大本宮《おおもとみや》の斎庭《さにわ》の中心には、神示のまま榊一本と二本のシメ柱だけである。だがこの簡素な神前に於いても神示があり、家の子等が毎朝毎晩感謝の祈りを捧げ、幸福に神の恵みに悦びの日常を送っている。平和国家建設、真の意義を持つ神国日本の建設の機を神が与え給うた。各々、今次大戦に於ける無言の神示こそ、日本永遠の幸いを約束していることを自覚すべきだ。

（昭和二十三年九月二十一日）

たまさかの雨の恵みに筆とれば
　ほのかに聞こゆ碓杵のおと

敷島のやまと男子は大倭
　みおやのこころ知る人ぞいう

大倭の黎明

『大倭』第3号
昭和23年12月発行

神　示

世界経綸《けいりん》、平和建設の神業は今より始まる
時は来たる、覚悟はよいか
これぞ神政復古、昭和維新である

月皎々《こうこう》と下界を照らす昭和二十三年十一月十二日、宵まだ浅き午後の七時頃、鏡池の堤に佇《たたず》みて月を仰いだ。右に左にわけもなくそぞろ歩む。時に身は斎庭《さにわ》の方にぐんぐん引かれた。神のなすがまま日聖《にっしょう》は月光の漏れる松林の参道をゆるゆる足を運ばせた。これが昭和維新、神政復古の神示とはおよそ想像だに許さない、神のみが知る意外なことだったのである。

車中の神示

十一日は柏原祖家《かしわらおやもと》（後の教宮《きょうぐう》、大阪府）の月次祭《つきなみさい》であった。この日が宗教法人設立満二ケ年に当たる大祭だったので、参拝者も多く宗教講話も長びいて、帰りはかなり遅くなった。布施で奈良行きに乗り換えた時は、もう夜の十時は過ぎていたと思う。疲れたためか、若江ごろからうとうと眠り始めたらしい。急に瓢簞山《ひょうたんやま》ごろから乗客は少なくなった。ここを過ぎて電車は生駒山《いこまやま》の西麓の山腹を斜めに登り始めたとき、天岩戸《あまのいわと》が半意識の世界に現われて、暁《あかつき》を告げる鶏《とり》が元気よく時を歌っている。暫《しばら》くすると大勢の神々が現われて世界平和の神業《しんぎょう》を議《はか》り、部署に就くため威勢よく各々目的の所へ起《た》って行く。耳許に声がする。よく聞けば、

「黎明《れいめい》告ぐる暁《あかつき》の
鶏《とり》の鳴く音《ね》に振《ふる》い立つ
大倭《おおやまと》の神の子は
平和の使い世の力」

誰かが口ずさんでいるのである。これが「黎明大倭」の第一節である。

人格神の姿をもった神々は、時がたつにつれておもむろに現在人の姿に変わってゆく。よくよく

見るとその中心の神が日聖に変わり、諸々の神々は大倭の家の子になってしまった。そして天津大《あまつおお》祖神《みおや》（自然神、姿なし）からそれぞれ何かを承って、怒涛逆巻《どとうさかま》く四海に向かって、その一人一人が雄々しくも船出して行くのである。このように心眼に映る霊界のありさまをじっと見つめていると、次から次へと日聖の口から歌詞が自然に漏れてきたので、随行の門人、青山次郎碓《じろうす》（今は日元）を呼んで鞄から手帳をとらせた。生駒トンネルに入る。この地下軌道の中で一節から四節まで忘れぬうちに記録した。然しどうもこれで終わったとは思えなかった。何か残る気持があった。

あやめ池にて降り、月光冴《さ》ゆる山道を次郎碓とただ二人黙して語らず、懐かしの大本宮《おおもとみや》、掘立小屋なる屋根裏の住まいへ急いだ。もう十二時近かった。

次郎碓の叫ぶ「ただいまー」の大音声《だいおんじょう》は夜の山々にこだまする。「お帰りー」と答えるこもごもの叫びは大倭の天地をゆるがすが如く、走り来る無雑作な足音は黎明大倭の悠遠な鼓動のように聞こえてくる。

家の子達に取りかこまれて夕食をとる。十七名の子供達の寝息がすやすやと明日の希望を頬にただよわせて眠っている。これらの子供達が将来世界平和の捨石としてはばたくのだと思えば、感極まって瞳がくもる。食後家の子達と団欒《だんらん》のとき、車中の神示を語れば、一同その使命の重大さを更に痛感したようだった。明日の農事の手配を終わったときは二時を打った。油が減ったのだろう、佃煮の空ビンを利用した灯の火は暗くゆれていた。

日聖は立つ

冬は追いかけてくる。霜はまだ来ないが、ようやくにして掘り終わった数反歩の甘藷《かんしょ》は、未完成な仮小屋の中に山と積んであった。今年は家の子が増加するとの神示があったので、例年の倍近く植え付けたところ、幸いにも本年は豊作だった。ところでそれらを保存する藷穴《いもあな》が足りなくなったので、雨に霜に折角の藷を腐らすわけにはゆかない。田の稲刈りはやむなく後廻しになった。

明けて十二日は夜明けと共にはね起き、日聖陣頭指揮のもとに家の子達と終日鋤鍬《すきくわ》を振るい、山腹に横穴式の穴を掘った。完成までには更に一日を要した。日はとっぷりと暮れた。明日の天気を祈りながら手足を鏡池の水で洗ってから堤の上に立った。空はからりと晴れて丸い月が東天高く掛かっていた。ああ、有難い、明日の天気を思えば何とはなしに嬉しくなって、空を仰ぎながら堤の上を彷徨《ほうこう》していた。七時になっていた。

この時、突然、全身に強いある感応を覚えた。身は斎庭の方へぐんぐんと強く引かれてゆく。松の梢《こずえ》を通して斜めにさしこむ月の光は実に神秘的であった。遥《はる》か後ろの方からだんだん近づいてくる足音が聞こえる。神籬《ひもろぎ》の前に立った瞬間、堰《せき》を外した水のように、止めども涙が頬を流れ、こみ上げる感激を抑えることができなかった。拍手《かしわで》を打ち神拝する。頭から足の先まで近来にない霊動《れいどう》だったので、そのまま静かに立つことさえ困難であった。背後で物凄い気合いをかける者があった。次郎碓である。彼も霊動を起こし、凄い息吹きを出している。神界は何だか物々しく見えた。

「世界経綸の神業は、今より始まる。日聖よ、覚悟はよいか。」

天津大祖神の心、日聖の口をもって現わされた。

日聖は畏《かしこ》くも神命を拝し、

「かねての覚悟、御安心召し下され」

と、恐《かしこ》み、恐《かしこ》みながら応答した。日聖は大地に額《ぬか》ずいたまま頭が上がらなかった。この時である。

「常夜《とこよ》のとばり明けそめて

神機は熟す秋《とき》はいま

大倭の神の子は

昭和維新の比《ひ》登柱《とばしら》」

広い広い無限大なる虚空《こくう》の奥から聞こえてきた感であった。ああ‼　この垂示《すいじ》、日聖肝に銘じ、血涙魂《けつるい》からにじみ出る思い、日聖が使命更に認識を新たにするところがあった。終戦の日、大倭神宮にての宣言文を心の中で読み上げる。

「敗戦後の日本、神国なるが故に武器は消えた。世相は乱れて秩序なく、人心恟々《きょうきょう》として明日の安心《あんじん》を求む。宗教は地に堕ちた。だが、その残滓《ざんし》のみ大空に聳《そび》えて、瞬間的享楽を、或いは芥箱《ごみばこ》に生命の糧《かて》を漁《あさ》って歩む社会大衆を、冷たき眼《まなこ》で見送っている。

日聖は立つ、既成宗教の堕落は日聖を立たしめた。六合《りくごう》の中心地、嘗《かつ》て和の光を放てる金鵄発祥《きんしはっしょう》の霊地大倭に、日聖は神が与え給う使命に不惜身命《ふしゃくしんみょう》にて精進《しょうじん》する。

中心より生まれる中心の教えが金鵄の如く世の闇を照らす東方の光となるであろう。大倭教は神のまにまに刻々転化の途《みち》をたどって動くことと信ず。

現世を憂《うれ》うる若人よ!! 日聖と生き、日聖と死せんとする情熱の男女よ、あらば来たれ、ともに世界平和の捨石となろう。主義に生き、主義に死のう。日聖さきがけたり、若人よ続け!!

世界平和の鍵は日本に在り、日本の中心は大倭に、大倭の中心は日聖の肚《はら》に在る。

黎明は訪れたり昭和維新、五十年、百年後の歴史が日聖の使命を雄弁に物語るであろう。

昭和二十年八月十五日

日聖　敬白　拍手

奈母《ナモ》太加天腹《タアカアマノハラ》」

頭をかろうじて持ち上げたとき、悲壮な決意の顔をした日蓮が立っていた。日蓮は眼に涙を浮かべて、

「日聖よ、あとを頼む」

と言い残してその姿は消え去った。

神拝を終えたので、後ろへ振り向いたとたん、両足に次郎碓がしがみついた。日聖はよろめく足を大地にしかと踏みしめて天を仰いだ。次郎碓は上半身を裸にして、両手をつき、土下座しながら慟哭《どうこく》霊動していたのである。

「次郎碓よ、しっかりやろう。神命ここに降下す。」

二人の固く握りしめた手と手は、日本人の温かい血潮が通っていた。節くれた拳《こぶし》で涙を拭う次郎碓の両眼は清く月光に輝いていた。限りある肉体、限りなき生命、二人は更に覚悟を新たにして、神気みなぎる夜の斎庭を月に見守られながら家の方へ歩む。

幽界《ゆうかい》に於けるこの動き、必ずや顕界《けんかい》に現出する日のあることを期す。これは時間の問題である。

昭和維新

十一月十二日、この日は顕幽を結んだ深い世界的意義をもっていた。日々の仕事に追いまくられて新聞を見る間もなかったが、家の子等からの話を聞いて驚いた。この日の午後が東京裁判（最高戦犯者）の判決の日に当たっていたからである。近く判決されることは聞いていたが、この日の午後とは思いもよらなかった。それに加えて日蓮が出て来たことに不審があったので、十一月十二日と日蓮の関係を結んでみたが、ちょっと見当がつかない。家の子の一人が、旧暦では十月十二日という。これに結びつければ日蓮が池上《いけがみ》に於いての御入滅の日となる。日蓮も再建日本を目指して身命を賭けた聖雄であった。偶然か必然か、およそ我々には分からないところだが、こうした国家的に重要な意義をもつ日が一致している点から観れば、鎌倉時代の日蓮の魂魄《こんぱく》が再び蘇《よみがえ》る暗示的現象とも言える。すべては霊界の秘め事だから知る由もない。大倭教と日蓮宗、日聖と日蓮は別に何の関連もない。然し、霊的に浅からぬ因縁のあることは日聖には分かっている。

祭政一致を根本義とする昭和維新は、いよいよこの日から本格的な活動に入る。今はなき過去の人格霊の多くは、この神業の一翼を担ってそれぞれの霊力に応じた働きを顕界に示してゆく。

幸か不幸か、過去世からの宿命か、どうやら日聖は顕幽両界にまたがったこの神業の命《ミコト》たる霊格を神々から認められているらしい。だとすれば、天津神《あまつかみ》、地津神《くにつかみ》、八百萬《やおよろず》余の神々は、日聖を中心にして各々その神力を現わすことになり、その霊的動きは日聖の一切の行動として顕界に働きかけることになる。使命をもった人々は近く日聖のもとに集まってくることも、神《かん》ながらにして現実の問題である。とはいえ、日聖は己が使命に甘んじ、霊格に自惚《うぬぼ》れて高座《こうざ》に居据わり、御簾《みす》の内に納まることは許されない。

日聖は、人間日聖としての自覚に基づいて、日聖が信ずる道を人間としてあらゆる努力を試みる決意をもっている。一切陣頭指揮をとって、この限りある肉体を、この無限大なる大使命に殉ずる覚悟である。日聖は昭和維新の比登柱《ひとばしら》である。これ人生最高の悦《よろこ》びでもある。

新しい日本

大倭維新は、神武天皇が大倭へ婿《むこ》養子となって大和朝廷が樹立し、大倭と日向《ひゅうが》が同化したことによって新日本が生まれた。

大化維新は、アジア大陸の文化の摂取によって更に日本を躍進させた。

明治維新は、皇政の復古と欧米文化の輸入によって日本を世界的に一段と飛躍させるにいたった。

勿論《もちろん》、これらの維新に際しては必ず武力闘争と流血をともなった。武力で勝ちを得たものは、必ず武力によって亡ぼされる時がある。

昭和の大台風（九年九月二十一日）は単に大倭神宮の神木だけの問題で起こったものではない。自然現象には多彩な意味が含まれている。当時の満州事変そのものが、神意に基づく八紘一宇《はっこういちう》の精神を国策に合わせるような履《は》き違いを起こしたため、神からの赤信号が前代未聞の荒々しい形で示されたとも受け取れる。それは日本の領土に於いて、しかも日本の霊界の中心である畿内の中央を横断したからである。自然現象（神意）は常に大を生かすために小を犠牲にする。冷徹である。大乗的見地から観れば、この事変そのものが、世界建直《たてなお》し神政復古の序幕とも言えるのである。

更にそれが拡大して大東亜、太平洋戦争まで進展した。日清、日露の両役に、国を挙げて戦い、幾万の生命とあらゆる犠牲を払ってかち得た新領土は、敗北とともに返還する運命となった。これも神の裁きであろう。東京裁判の判決は過去の日本に終止符を打った。

ああ十二日‼　神政復古の神示（霊界）あり、最高戦犯者の判決（顕界）あり、日蓮の出現あり、更に新彗星《しんすいせい》、鹿児島で発見。これ何を意味するものぞ。

近ごろ天災しきりに現わる。昭和維新は大倭の宗教から始まる。その心はどこまでも侵略的対立闘争でなく、和の建設にある。神意に基づき己が分に応じて精進するところには、争いもなく流血もない。もし神意に逆らう行動をとる者ありとすれば、過去の人類闘争史が示すように、機にしたがって自から影を没することであろう。

ささかにの網にかかりて木枯しに
　舞ふや木の葉も春芽のこせる
わが業《わざ》にあやまちあらば許せかし
　神に捧げし命なりせば

還元帰一《かんげんきいつ》、恐《かしこ》み、恐《かしこ》み。

（昭和二十三年十一月二十三日）

補記（『大倭新聞』第11号、昭和40年7月発行）

微妙の世界を結ぶ

自分が書き残した随筆を十七年たって読み直すことは、言い知れない懐かしいものである。ひしひしと当時の実感が胸に迫る。今流に数えれば私は三十六歳、次郎碓こと今の日元は三十三歳、すっかり私の頭には白髪をかぶり、日元の顔の皺は目立って深まってきた。この一文を読めば必ず日元は声をあげて泣くことだろう。

一般の読者からは、狂人もそこまでゆけばお芽出度いと、お誉めの言葉をいただくのが落ちと思うのだが、ここでちょっと私なりの見解を聞いてほしい。狂人の狂人たるゆえんをね。

簡単に分かりやすく言うならば、私の肉体に宿っている心が二つの作用をもっていて、実際は一つのものである。あたかも、天にかかる月と、水に映っている月のような形である。言い換えれば現在意識が普通にいう私とすれば、もう一つの方は、更に更に深いところで生まれぬ先から既に存在し結ばれていた最高潜在意識（自己本霊）であるということである。自己本霊が私の実体とすれば、私と思っている現在意識や白髪のこの肉体は、私の実体の影にすぎないことになる。月影は水面の状況によって真実の姿を浮かべることは難しい。自己本霊は宇宙創成の気に直結しているから宇宙に包蔵している無限叡智を受け入れる道は通じているのだが、影なる自分である現在意識は、永年にわたって人類が積み重ねてきた我利我欲主義、科学一辺倒、あるいは苦悩、迷盲、病患、執着といったものに固くさえぎられたため、古き真空管をつけたテレビジョンのように感度がいつのまにか鈍くなったと私は言いたいのである。

霊動を経験した人であれば、その発動初期に於いてこの二つの働きのあることだけは、理智をぬきにして分かるはずである。私は便宜上大別して二つを取り上げたが、その中間にもまだ沢山の微妙な意識がある。今の私には説明ができないが、いずれ誰かが解明してくれる日があることと思う。期待している。

私が人々からお芽出度いと評されるところは、自己本霊が影なるこの肉体を完全占領して、その意志が五感を通して知らせてくる状態の時の私に対してである。即ち霊界と現界を結ぶトランスの立場におかれた私の場合である。昭和維新に関する霊示等はこれに属しているといえる。影なる私から見てもまさしく狂人沙汰と笑いたくなる。こうした感覚は一般社会人と同じである。

私は霊示があったから、その霊示に添うような意志に基づく行動をとったことは、あれ以来十七年間一度もなかった。忘れていたと言った方が当たっているようである。ただ、やらねばならぬことが次々に起こってくるから、それを素直に実行に移しているに過ぎない。そうしたことを積み重ねて振り向くと、不思議にも自己本霊が示した道を通ってきたことに気がつく。お気の毒だがこれは説明の方法がないから許してほしい。

昭和維新や神政復古などと高言すれば、恐らく現在の程度の科学盲信者（真の科学者は除く）から、狂人もいい加減にせいとお叱りを受けるだろうが、私（影）はそれを信じもしなければ、疑いもしない。もしそれが真実であるならば、自己本霊がこの私を十分活用して、神意に添うような行動をとらせることと信ずるだけで、私の知ったことではない。

この機会に現界の私を紹介しておきたい。私は狂人ではない。世間並の常識もあり、利害得失も心得ているが、物的欲望は少ない方である。俗物の俗であるが自他共に悦んで暮らしたいと日々願っている。お酒は一滴も飲めないが、どなたとも心安く真心からお付き合いはできる。人情に流される癖はあるが、アホに近い快男子であることだけは伝えておきたい。

（昭和四十年七月三日）

神ながらの大道にしたがう

『大倭』第4号
昭和24年1月発行

神示

対立闘争の心は常に平和を攪乱《かくらん》し
人類に不幸を招来する
神《かん》ながらの大道に順応帰一《じゅんのうきいっ》するは
平和建設、人類福祉の根本理念である

昭和二十年八月十五日、敗戦の大詔《おおみことのり》を拝した。来るべきものが来た。日聖《にっしょう》はおもむろに民族祖廟《そびょう》大倭《おおやまと》神宮に参拝した。夜は静かに更けて行く。一億相哭《そうこく》の声耳朶《じだ》に響き、黎明《れいめい》日本の訪れを感ず。

ただ涙

地球上は正に人類の一大闘争期を現出している。これも自然現象の一つであって神意に他ならない。戦いは惨《みじ》めであり人類の不幸である。だが帰するところは絶対平和への道程と視るべきである。戦いが開始された以上は互いにクタクタになるまでやったらよい。その間互いに戦いに対する是非や神意も自から解って来るだろう。日本もこの時代の渦に巻き込まれて、ついには大東亜戦争まで深入りした。国家対国家の武力闘争、その原因は奈辺にあるかは判明しないとしても、戦争の勃発《ぼっぱつ》した事実は互いに戦うべき情況の切迫していたことを物語るに充分である。強きものは勝ち弱きものは敗ける。だが武力的勝敗をもってその正邪を決めることは誤りである。

正しき裁判は神がなされる。正しき方は勝敗の如何《いかん》を問わず、必ず国家的民族的繁栄を約束されているはずだ。

昭和二十年八月十五日の敗戦の玉音《ぎょくおん》を拝聴した時、人間日聖として、また世界の恒久平和を祈る日本人の一員として、何だか泣けて泣けて仕方がなかったのだ。それは戦いに敗れたくやし涙、復《ふく》讐《しゅう》の念に燃ゆる敵愾心《てきがいしん》からではなかった。もしこれが大勝の詔であったとしても、日聖は同じ涙を流したであろう。

昭和日本の運命の方向はここに神が示された。日本の過去数年の歴史がこの一瞬にまとまって次から次へと脳裏《のうり》を往来する。勝つためのあらゆる努力あらゆる犠牲、戦果の報ぜられる度にその蔭に偲《しの》ばれる両国将兵その他戦災惨禍《せんさいさんか》の数々、互いに故国を遠く離れて異国の地に果てた遺家族の心、こうしたことどもを想い浮かべては彼我《ひが》の区別なくただ涙溢《あふ》るるばかりであった。かつて日聖に与えられた一大使命の重大さをここに痛感し、平和建設の聖業に精進《しょうじん》することが、人類闘争の犠牲者となって散り果てた世界人類の亡き魂を生かす唯一の道に他ならないと、一大勇猛心を奮《ふる》い起こしたのだ。あれも涙これも涙、この涙こそ昭和聖代《せいだい》の歴史を作り、やがてはこれが日本精華として、代々《よよ》に流れて行くであろう。わが民族の祖廟大倭神宮の神前の土にこの涙は秘めてある。

祖神須佐之緒尊《すさのおのみこと》、

「対立闘争の心は常に平和を攪乱《かくらん》し、人類に不幸を招来する。神ながらの大道に順応帰一するは、平和建設、人類福祉の根本理念である」

と宣《のたま》う。

闘争と平和

平和社会、平和国家、平和世界の顕現《けんげん》、地球上に世界人類の楽土建設は万人《ばんにん》の望むところである。

地球上に生存する動物は、各々自己保全の武器、技術を持っている。動物界に於いては、時々血に染まった決死の闘争の姿を見ることがある。これも神ながらの姿であって、人類をはじめ虫の類に至るまで、闘う心、闘う技巧を本能的に享受している。動物界の中から闘争を抹殺することは、恐らく不可能と思われる。毛虫に毛がなくなり、蛸《たこ》が墨を吐かなくなるまで待たねばなるまい。

だが動物に見る闘争の姿は、果して人類がなす戦争と同意義であろうか。それは自己の安全保護の闘いのようであるが、侵略的、感情的なところは見受けられない。これも瞬間的な闘争であって、平素は実に穏やかである。動物によっては攻撃的な武器と自衛的な武器、技術を具えているものがある。然しそれらは生存のための食糧獲得と子孫繁栄の性的保全の用に使われているので、結局動物の闘争は優秀なものを後に残す自然淘汰《とうた》の働きを示している。

親竹を畑の真中に植えた時、初年の筍《たけのこ》は細くて短い。二年目はそれより更に太い長いものができる。藪となって多くの竹ができたころ、立派な筍が出るようになる。これも動物の場合と同じように、互いに形は年々闘争であるが、実に静かである。相手がなければ自分も伸びない。もちつもたれつの因果関係にあって、あたかも楽団演奏の如く、動静表裏《ひょうり》一体の相を如実に示している。

ここにいう闘争、換言すればそれは切磋《せっさ》琢磨《たくま》の相であって、伸びんがため栄えんがための神ながらの現象に他ならない。人類がいう戦争には敵愾心や侵略心のような、不純な、神ながらに反するような気持が内在している。こうした内容を持つ闘争に於いては、たとえそれが収まったとしても、目に見えない心の戦いが依然として継続しているものである。人間個人個人の心の中に、もし争う心ありとすれば、それは正に武器なき戦争状態である。これが最も恐ろしい平和の大敵である。植物の世界は対立闘争の形で伸びているが、互いにゆずり合うその姿、その心は、その伸びゆく形と正反対である。この形と心、外観と内容、その表裏一体の現実の理を、平和を望む者は特に体得しなければならぬ。

現の世界に於いては、恐らくこの地球の存する限りこの形は残る。動植物のこの形態、人類に於いてもまた然りである。神は人間という動物に腕力や殺人的武器を製作する知識も与えた。さすれば人類の存する限り戦争はつきものとなる。だが神が許せしこの腕力、この知識が、現在人が認識せる対立闘争的、侵略覇道《はどう》的な、反神的戦争のために賦与《ふよ》せられたものでは、絶対あり得ないのである。形ある世界に於いて、形ある一切のものは動的であり対立闘争の形を持っているが、この神ながらの形の中に神が造り給う絶対平和境が厳然とあるのだ。

心の世界、魂の世界に於いてのみ、絶対平和境建設は可能なんだ。

地球上万物一切が弥栄《やさか》に弥栄え、流転《るてん》するところに、形の世界に於いてはそれが争いの姿に見えるのである。動物に見る性交の姿こそ、この神ながらの動静一如《いちにょ》、戦争と平和の哲理を知る無二《むに》の垂示《すいじ》であろう。

動の極は静である。この世のすべてのものは相対的に成り立っている。相反する二つのものが結局は一体なのだ。この一体は常に相反する性格があるために常に対立の形を示しているが、実は一体なる故に調和がある。

我等の世界には、昔も今も、文化、時代、あらゆる層、あらゆる面の人に至るまで、必ず同じ体験を持つ共通性のものがある。それは男女の性的関係である。異性に接した時の性的発情の自然、そしてその最高潮に達した時の両性の形態、その瞬間に於ける両性の身心の動静、これこそ自然に帰る動物としての偽らざる姿であろう。外観は両者の物凄き闘争ではあるが、その内容に於いては神国に遊ぶ快楽境の現出である。万人が同じく味わうこの神ながらの行為を通じて視ても、そこに大自然の支配下に生きる動物、人間として、素直に神ながらの大道に順応帰一する本質を知るのである。

この大道は自他平等、平和、幸福の道である。男女性的満足感を得た時に、始めてそこに真の平和、幸福が両者の間に生まれ、それと同時に子孫の弥栄を約束している。人類が真に平和を願い幸福を求めようとすれば、性的行為に於ける最高潮の如く無我の心境にて、大宇宙の法則、神ながらの道に精進することだ。

神は万物を生み育て、私心なき愛情を生物一切に注いでいる。だが雨もあり、風もあり、時には天変地異も起こりて生物を殺す。神は人類にもこの神の心、慈愛と和の心を与えているのであるが、中にはこれにそむく者も多くある。そこで神は神国顕現のため、この反逆者達に種々災害をもって教え、時には人をもってこの任に当たらせる場合もある。結果は現今見る世界の戦争も神意であり、平和建設への準備でもある。平和、幸福を求めるのは人類否動物の本能であって神意でもある。人類の歴史はこの楽土建設への日記文書《もんじょ》に他ならない。

神は人間一人一人に幸福を与えているが、自分の幸福と他人の幸福とは相異なっている。だが幸福感に於いては平等である。現の世界にあっては、形の平等が即ち不平等であり、物の不公平が即ち公平となる。心に悦《よろこ》びを持ち、心の正しき悟りを得た時、それが神のいう真の平等であり、平和な世界である。

大自然の姿を活眼《かつがん》をもって見よ。無統制の中に整然たる統制があり、千差万別の不平等の姿を持つ生物一切が大自然の平等の恩恵に生かされている現実こそ、この神ながらの原理を雄弁に物語るものである。

勝者必滅の理

神ながらの大道に反逆した戦争は、両国にその神罰が与えられる。神の審判は決して武力の勝敗によって決せられるものではない。勝敗決した場合はそれ自体が神意にそむいている。もし戦いが神意にかなっていたとすれば、その結論は勝敗でなく和の誕生でなければならぬ。武力で勝ちを得た者は何時《いつ》か武力によって亡ぶ日がある。

昭和二十年七月二十一日より八月中旬に至るも、一滴の雨もなき近年稀《まれ》な大旱魃《だいかんばつ》、それに十五日の敗戦、日聖は少数の同志と八月二十日より、日本弥栄、世界平和、並びに雨乞いの大祈願《だいきがん》を毎夜修行《しゅうこう》した。祈願第三日目の二十二日、帝国政府が、

「八月二十六日、関東地区に聯合軍《れんごうぐん》第一次進駐部隊の上陸」

を報じた。霊験か、この日の夜半から豆台風（最大風速三十五メートル）関東に現出と新聞に見えた。再び二十五日、台風本土に迫り午後から待望の雨が風雲に乗じて降り出し、二十六日聯合軍上陸はこの荒れ狂う暴風雨のため不可能となった。神意、これ何を意味するものぞ。一週間の行願《ぎょうがん》はこの日をもって終了。日聖新たな涙があった。


（昭和二十三年十二月四日、金鵄《きんし》大祭の日）

求める心なく与えることを知る

『大倭』第6号
昭和24年3月発行

神　示

求むる心なく与えることを知れ
これ自他平等、助かるの道なり
教業一体の理、ここにある

昭和二十二年十二月四日、金鵄《きんし》大祭の日である。日聖《にっしょう》ひとり朝の神拝におもむく。時に二十三年度の大倭《おおやまと》の方向、換言すれば明年度に於ける社会指導の理念を明示された。それは教業一体の教えだったのだ。

神の心

知ると識らざるにかかわらず、地球上のすべてのものに神性がある。神の心をもっているのである。物を産みなし育てる心、この平等の慈愛の心が即ち神の心であり大自然の正しき姿である。人《じん》跡未《せきみ》踏《とう》の深山幽谷《しんざんゆうこく》に、或いは我等の庭前《ていぜん》に生えている一木一草にしても、発芽し成育している自然の姿を眺めた時、この産み育てていく大自然の普遍平等の力、慈愛の働きを観取《かんしゅ》することができる。地球上一切万物はこの大自然の慈愛の心、陰陽の不離一体の働きによって生まれ化育して来たものである以上、上は人間から下は微生物に至るまで、この大自然の神秘性を享受し、その働きを持っているものである。

眼に見えるすべてのものが、あるがままなる神の姿である。これと同じ姿がまた眼に見えない幽《ゆう》の世界にも存している。この世界は我等の肉眼でなく心の眼によって見ることができる。神の心を肉眼にて把握しようとすれば、この現象界の森羅万象《しんらばんしょう》の形態を微細にわたって観察することである。そして心眼を開いてこうした現象の流転変化《るてんへんげ》の動きを視た時、顕幽《けんゆう》共に現わされている神の心、その働き、その力の因《いん》・縁《ねん》・果《か》の迂転輪廻《うてんりんね》の相が如実にこれを教えているのである。

神の心、その働き、その動きの中心をなすものに、逆の真理がある。大声にて呼べばその声がこだまして自分のもとに還る。壁にマリを投げれば自分のもとに跳ね返る。もっと大きく飛行機で一方的に飛べば、地球を一周して出発点に着く。この還元の理はまた顕幽両界に於いても同じことで、もし他人を呪った場合、その罪障《ざいしょう》は自分に現われてくるものである。牛の鼻木を握って前に引けば牛はあと戻りをする。後ろへ押せば前に来る。これは動物の場合であるが、また植物の場合も同じ現象である。一粒の種を大地におろせばそれが何十倍か何百倍になって還ってくるが、蒔かなければ何も還ってこない。

この還元帰一《かんげんきいつ》の法は、我々の日常生活の中に常に経験している事実であるが、一般は案外無関心のようである。無一物、裸で生まれた我々が死んでいく時には、やはり無一物、裸で消えていくのである。我々動物、言い換えれば地球上に湧いた虫にも等しい我々人間が、自分のものといえる何一つもないはずである。我々人間は生きているというより生かされていると観るのが正しいのである。生きるために働くと世人《せじん》の口から聞くことがあるが、働くだけで生きていると考えることは誤りであって、我々人間否動植物が生かされている諸条件を再考する必要がある。太陽にしても、地球にしても、或いは水や空気や食糧やその他一切のものが、何一つとして人間が創造したものはないのである。人間が働くことによって生きているという意味は、この大自然即ち神が与えられたこれらのものに、知識をもって加工するか、また人為的に食糧栽培する労を指しているにすぎないので、これは衣食住の面に限られているのである。

山をかける獣《けもの》や空を飛ぶ小鳥の姿を眺めた時、その何《いず》れもが自分の力で生きていると観るより、大自然の神の恵みに生かされている事実が、厳然と観視《かんし》することができるのである。生かされている事実を完全に把握すれば、我々の日常生活は神に対する感謝をもって営むことができるのである。生きるに必要とするあらゆるものに対して感謝するようになる。この感謝の生活こそ幸福な生活である。

無限にある空気をなぜ我々が必要以上に呼吸しないのか、事実を静かに神性をもって考えなければならない。神は我々に必要とする範囲に於いて呼吸を許されているからだ。体そのものが神から生みなされたものであるから、肉体そのものは神の心のままにあらゆるものが成り立っている。呼吸することも、血が廻っていることも、爪が伸びることも、物が見えるのもまた聞こえるのも、味がわかるのも、肉体そのものの一切は不可思議にできているが、その一つとして人間の意識でやっているものはないはずである。

寝ていても起きていても、心臓は動き呼吸はしている現実を知るべきだ。我々個人個人の肉体の上にもこうした神性、神《かん》ながらの姿を持っていることを知るべきであると同時に、その半面神の心も内在していることを信ぜねばならぬ。

太陽は万物一切に無限の光や熱を注いでいるが、万物一切に何一つの要求もない、一粒の種を大地に蒔けば百倍からの実となって人に与えている。これが神の心である。この神の心は、万物一切否人間にも包蔵しているもので、素直にこの神の心をもって生きる時、そこに神の恵みがあり幸福がある。人間は理智があるためこの神心が時々曇るものであるが、曇れば曇るほど人心悪化、社会は混濁する。ここに神の怒りに触れ天災地変の現象をもってみそがれるのである。宗教の必然性もここに存するゆえんで、各個人個人の神性の発揮が社会平和、幸福への重要な役割にあることを知るべきである。

教業一体の理

天地自然、神ながらの大道を、我々の日常生活の中に実行に移すのが教業一体である。何の求むるところなくして太陽や大地の如く与えることのみを知っているこの神心を、我々の実生活に於いて生かすことで、言うは易《やす》く行ない難いのがこれである。大倭教大本宮《おおもとみや》にあっては三十名の家の子が異体同心にて、勤労を中心とせる日々の業に励んでいる。誰もが働く者の悦《よろこ》び感謝の心に満ち満ちて、不平不満なく己が業務に懸命である。差別即調和の神ながらの原理、この味を知ればこそいかなる業務にも人のことを考えず、黙々として自己に与えられた使命を自覚しつつ悦びの日を送ることができるのである。

差別即調和のこの形態は神ながらの正しき姿であるが、これが円滑《えんかつ》に動いていくにはそこに厳然たる中心がある。すべてはその中心から出て中心に帰一しているのである。地球上の一切は太陽から出発しまた太陽に帰一している。四季の変化に伴って、動物植物はそれに随《したが》って変化し毫《ごう》も逆らってはいない。木々の枝も太陽の方向に伸び、また稲の花が太陽を慕っていろいろな動きを見せ、睡蓮《すいれん》にしても夕方花をたたみ朝日出づれば開いている。すべて人間社会にあっても同じことであって、家庭には家長があり、会社には社長があり、国にはその国を治める代表者があるはずである。

これは形に於いて神ながらの姿を造っているが、この差別相がなぜ調和となるか、大自然の山の木々を見てもこの原理は如実に示されているのであるが、それはその内的に動いている心にあるのである。自然界の木々は神の心をそのままに包蔵しているために顕幽にわたって神ながらであるが、人間は理智があるため心に於いて神の心を顕わす素直さが欠ける場合が多いのである。端的に言えば、その心は親子が持つ本能的愛情に他ならないのである。

親は何の求むるところなく子供のために犠牲となり、ひたすら子供を幸福に保育する心、また子供は親の無限の愛情に悦びと感謝の心をもって仕え親に孝をつくす、この両者の心が即ち神の心である。この肉身の親子の間に於いて味わっているこの心を、社会のあらゆる人に於いてもこれを顕わし、各々社会的地位、立場に於いて、親心子心をもって処していくところに社会の平和、調和があるのである。

現今の実社会の混沌《こんとん》たる実状を静視した時、人間個人個人があまりにも唯物主義に囚われ、親子といえども金銭のため争いを生じている場合も多く、人情の稀薄も闘争心も、帰するところ経済問題がその中心をなしているようである。日聖は常に思うことだが、資本家と労働者の醜《みにく》い争いを見る時、何とかしてこれを救済する現実的な模型を造って範を示したいと念願している。言葉に於いて高遠なる理想を説いたところが、問題が人間死活の現実にあるため、それは猫に小判である。日聖がいう模型とは大倭教に於いて或る種の会社を経営する。その形の面に於いては、社長から従業員に至るまで階級的に各々持場の責任を定め、差別の相をもって組織する。これは現今各会社に於いて見る組織と同じである。この差別の組織が何故《なにゆえ》調和となるか、そこで会社としての信条を明示する。

地球上に生存する万物は等しく神から生きることを保障されている。換言すれば我々は神から生かされているのである。この神意に基づいて経営方針を樹立した時、調和のある幸福な自他共に救われる道が立つのである。この「神ながら」の真髄を充分に理解した上で、会社はそこに働く人々の生活を保障し、生活に安心を与える方法をとるのが社長の道である。社長個人の収入や会社の利益は第二義的なものでなくてはならない。また社員は社長の心を心として、社長は自分の親であり会社は各々の生活を保障する自分の職場であるという信念のもとに働かねばならぬ。農民が田畑に対する観念と社員が会社に対するそれとは同じでなくてはならない。ここに於いて社長と社員が一体となる精神的な団結があって、はじめて平和、幸福が生まれ、調和が保たれるのである。

大倭教大本宮はこの神ながらの大道を実践に移し、多くの家の子達が本当に幸福に日々を送っている事実は、この哲理の真実性を物語っているに他ならないのだ。理論より実践が第一義である。

（昭和二十四年二月三日）

真の幸福は心の世界に存在する

『大倭』第7号
昭和24年4月発行

神　示

抱擁徳化《ほうようとっか》、清濁併呑《せいだくへいどん》の信念に生きよ
善悪は不二《ふに》である

昭和九年頃だった。日聖《にっしょう》は汎宗教的立場に於いて宗教的教化の運動を始めた。この時日聖の心構えとしてこの神示があったのである。今も日聖はこの信念によって自己の修養の亀鑑《きかん》として日々錬磨を続けている。

使命を伸ばす環境

矢追《やおい》はもと箭負《やおう》といい、聖徳太子二歳の時より内舎人《うちとねり》即ち扶育官《ふいくかん》だった道麻呂が物部守屋《もののべもりや》討伐の折、大倭神宮《おおやまと》（矢追の氏神）に戦勝祈願を執《と》り行なった時、神より授かりし鏑矢《かぶらや》を背負って守屋を射殺《いころ》したので、時の人が箭負の道麻呂と呼び、以来これが姓となって後世まで伝わった。現河内の八尾の地名は、箭負が河内一国を賜ってここに住まったことによって起こったものである。

日聖が生まれた時は住居《すまい》は大倭神宮の神域内にあって、先祖には神官や僧侶も少なくはなく、祖母も実母も神憑《かみがか》り霊覚者であったので、こうした環境に生まれ育てられた日聖は、神や仏の話を聞くのさえ面白くなかった。何だか気狂いの世界にでもいるような気がして、世間の人々にも肩身の狭い思いさえしたのである。父も日聖と同じく、こうした神秘的な事柄に対しては頑《がん》として否定し、信仰の問題を中心に家は口論不和の日も時々あった。祖母は父に向かって「お前は稀《まれ》に見る親孝行だが、また最も親不孝だ」と、しばしばこぼしていたことが日聖の記憶に残っている。

大正八年五月十日、祖母他界してより父は我が世の春とばかり神慮を無視し、己が信ずる処世方針を立て、雄々しくも人生の再出発に船出したのだった。父の七難八苦はこの時より始まった。世間から神や仏の化身かと人格的にもこの地方の人望を集めていた人が、やることなすこと意に反する結果が顕われ、僅か数年の間に財はなくし、日聖の姉弟妹の三子に死別し、正に死魔の誘う断崖に佇《たたず》むの観だった。

この時日聖はまだ九歳だった。旧家の経済的な没落の悲哀はまた格別である。反宗教的反神的な頑強な父も、この現実の前には無条件に神の大前におろがみまつる心境の一大変化が起こって来たのである。当面の問題として朝夕神に仕え、経済復興を目指して昼夜兼行の涙ぐましき努力は続けられた。父の如きいわゆるお人よしには、こうした問題のいかに難事なことだったかは想像に難くない。破壊は一瞬にして可能だが、建設は遅々として進まないのが原則である。その後の父の労苦たるや、見るに忍び難いものがあった。

母の御《ご》託宣《たくせん》を父は勇敢にも実施した。その前には常に悪魔的な存在があって父の仕事を遮《さえぎ》った。だがそれを断乎として突破して行く父母の不動の信念に、日聖は幼少ながらも常に感化されるを覚えた。

大正十三年の春、父は経済的に最も苦しい時であった。家も屋敷も売却すべき方法を講じていた。それは子供ながら日聖には分かっていたので中学校へ進むことを拒んだのであるが、父は日聖の将来を考えて強制的に薦《すす》めたのでそれに順《したが》った。

大阪府の四條畷《しじょうなわて》中学も、奈良県の郡山《こおりやま》中学も、弱体の故に駄目だった。これも神示によれば住居《すまい》が大倭の神域内に在りて神苑を汚し、また父が神意に逆らったことによって、日聖は生まれてより身体虚弱児となったと、換言すれば神罰を蒙《こうむ》ったことにもなる。また祖母の神示によれば「日聖は神の道を行く大使命者であって筋肉労働をやる人間ではない。この虚弱が神の大乗的慈愛なのだ」と言っていた。だが人間の愚智だろうが、時々祖母が近所の子供達と比較して「うちの孫はなぜ弱いのだろう、百姓やの子供は皆丈夫なのに」と、日聖が近所の子供と遊んでいる時ひとり言を言っているのを聞いたこともある。

結局こうした関係から兵役は免除となり、今日の日聖があるわけである。何が幸いになるか人間には分からぬことだが、日聖が中学に進む資格に欠けていることを父が初めて知った時、その愁嘆《しゅうたん》は一通りでなかったろう。父は神前に日聖を連れて諫言《かんげん》した。

「神の慈悲はどこにあるのか、中学へも入れないような体にして、子供の将来は一体どうするつもりだ。」

涙の中に親心のいかに強く崇高なものだったか、日聖は心より泣かされた。そして「学校へなんか行かんでも、男は腕一本で成功できるんだ」と励ましてもくれた。

この日、神の使いか大阪布施の日新商業の願書締切りだと、親族の矢追芳太郎訓導が走ってくれた。間一髪《かんいっぱつ》、願書は受け付けてくれた。試験当日、体格検査はやはり不合格だった。だが本校設立者の一人、薄如一《すすきにょいち》医師にその事情を父は真剣に語られた。薄氏は微笑して「これでは官立や公立は採らんだろう。学科の方は知らん、校長採ってやってくれ」と言われたので、ほんとうに蘇生した気がした。なお意外だったのは、書記さんだと思っていたのが何ぞ知らん、鹿島浩校長だったのである。

こうして日聖は中等教育を受ける資格を得たのである。日聖は終生この大恩を受けた小学訓導、医師、校長の三氏を忘るることはできない。常に思い浮かべて感謝の祈りを捧げている。

幸いにも通学の身とはなったが赤貧洗《せきひん》うが如き経済状態だったので、これを日聖に知らせまいと母はあらゆる面に於いて辛苦《しんく》したことが、常に日聖にはピンと来た。書籍、学用品、その他身廻品に至るまで、細心の注意を払って大切に使った。当然必要とする金銭を母に求むることすら、よほど勇気を出さねば言えなかった。母もこれを知ってか日聖が要求する以上にくれるのが常であった。こうした環境に育った日聖は親の真心、その大慈悲の味はよく体験できたのであるが、神仏や信仰に就いては観念的には分かっていたのだが、どうも盲目的にその道に入る気持にはなれなかった。

親の慈悲をもって、幾多世にある不幸な人々を助けてやりたいという信念は植え付けられたが、それを宗教でもってやろうとは考えなかった。大衆がすぐ分からない、そして気狂いじみた神の道よりも、教育か政治か実業か、その何《いず》れかに成功した暁《あかつき》に於いて人々を助ける仕事をすべきだと考え、すべては唯物主義的に、或いは反宗教的な道に転向を始めた。それは一面、両親がこうした身心ともに苦痛をなめたことも狂信的信仰の結果に他ならないと思い、世の多くの人々にも日聖の両親と同じ轍《てつ》を踏ませたくないと考えたからだ。

日聖が十七歳、昭和二年の春だった。日聖に神示があった。それは二十年後における日聖の使命の予言だったのだ。

当時日聖は、これは祖先より血をひく誇大妄想狂《こだいもうそうきょう》、精神異常と考え極力これに反対を試みた。その後も常に神秘的な、また霊的な現象はあったが、どうしても自分にはそれが信ぜられず、もしこれに科学的な立証さえできれば、日聖は喜んで単純に神の道へ入ったと思う。

然し日聖は良心的に考えて、反宗教的思想をはっきり把《つか》むにはまず宗教なるものの実態を正しく把握することだと、昭和三年、十八歳の春、日聖が常に気分の相通ずる日蓮の法脈を継承せる、東京の立正大学へ進んだのである。生まれて初めての汽車の旅、それに百円札を手に持ったのも初めてであった。両親の温かい懐《ふところ》に抱かれていた日聖が何一つ飾り物のない下宿屋の一室にトランクを置いて坐った時、生まれて初めて体験せる親の慈愛、そして下宿費を払った時「ああ、これが血の出るような利息つきの金子《きんす》」と思わず口走って、何かいい知れぬ決意が湧いてきた。

宗教を究むべく立正大学を選んだのだが僧侶の内情を知って面白くなく、唯物史観に立つ考古学によって日本古代の文化研究に六ケ年は費したのだ。昭和九年に卒業したのだが、世の流転変化《るてんへんげ》と歳の流れに従って唯物主義の行き詰りを感じ、宗教への転換期が芽生えてきた。真の幸福は物の世界ではなく心の世界に存すること、或いはまた科学文化は人間生活に便利を与えているが決して幸福を与えるものではないという結論に達した。だが生きているからには食わねばなるまい。家のこと家族のことどもを考えて金儲けのことにも奔走《ほんそう》し事業もやってはみた。しかしそのことごとくは見事に失敗だった。けれども失敗する度に、運命の不可思議さが刻一刻と魂の中に食い入る思いがしたのである。

善悪不二《ぜんあくふに》・邪正一如《じゃしょういちにょ》

昭和九年の冬の頃、郷里に於いて汎宗教的立場に於ける布教を開始した。この時、善悪不二の神示があったのである。日聖の生い立ちの永き経験は、この善悪不二の神理を味をもって教えられた。裏と表は同じものである。一枚の紙の裏表は指摘できるが、裏表を切り離しては見せることはできない。日聖を今日あらしめた過去を顧《かえり》みた時、善人もあれば悪人もあった。個々に指摘はできる。だがもし善人のみによって、或いは悪人のみによって、今日の日聖は絶対に存しないのである。善変じて悪となり、悪変じて善となる。日聖の過去に於ける喜怒哀楽《きどあいらく》の一切は今日の日聖を生み成す尊き基礎であったのであり、一切はこれ神業《かみわざ》であったことがはっきり信ぜらるるのである。これは単に日聖一個人に限らず、世の人々に於いても同じことなんだ。日聖には恨む過去の何人もない。また現在にもない。恐らく将来に於いてもさもあるべきと信じている。ただあるは一切に対する感謝の祈りである。

我々の体を見ても、一つの口から米も野菜も魚も水も、あらゆるものを食べるのであるが、それが血となり肉となり骨となって摂取され、残物は糞便となって放出されている。この事実を観ても、清濁併呑しても直き正しき心さえあれば、自然は、神は、これを適当にさばかれるものである。ここに初めてあらゆるものを抱擁し、人々に好き嫌いなく平等に接することができ、個人的感情に走らず平等に救済の手を差し伸ばすことができるのである。この神の心を十分味わうべきである。

（昭和二十四年三月三日）

春雨の降る日なりけり雨漏《あも》りする
　屋根裏の部屋に吾れ独り座す

日本人のふるさと

『大倭新聞』第1号
昭和39年8月発行

大倭《おおやまと》の意味

編集部　この八月十五日で大倭教は立教開宣から十九年目を迎えたことになり、奇《く》しくも十九年目に『大倭新聞』が復刊されることになったわけです。復刊一号なので、今日は日聖法主《にっしょうほうしゅ》に「日本人のふるさと」というテーマで日頃考えていらっしゃることをお話していただこうと思います。日本人の原点はどこにあるのか。宗教界の混乱や平和運動などの混乱も、この辺がはっきり把《つか》めていないからだと思ったりするわけです。そこでまず、オオヤマトとはどういう意味をもつのか、というあたりから話していただきたいのですが……。

法主　ここは大倭という名称を使わせてもらっているのだけれども、終戦の口に大倭の教えとして宗教で立てといわれて、大倭というコトバを霊界から示されました。ヤマトという文字も日本の漢字として今は大和《ダイワ》と書きますけれど、ニンベンに委任の委の字を書くのです。漢字は別としてオオヤマトという言葉の問題ですけれど、この言葉は、オオヤマトのトヨアキツシマというように、『古事記』や『日本書紀』のはじめのところで、国を生んだときの話として出てくる。これは地域の名称としてオオヤマトという言葉を使っているわけです。

そこでもってオオヤマトというやまと言葉のおこりというものがどこから来ているのかというの

が問題ですが、これは陰陽が一体であり顕幽《けんゆう》が一体であり、いわゆる相対即一体の理からこのコトバが生まれて来ている。ヤマトということは元はオヤモト（故郷）ということ、オオヤモト（大倭）というのが宇宙の大元霊《だいげんれい》で、宇宙創成の造化《ぞうか》の三神として、日本の古典には天御中主神《アメノミナカヌシノカミ》、高皇《タカミ》産霊神《ムスビノカミ》、神皇《カミ》産霊神《ムスビノカミ》として出て来ている。

　これは宇宙創成のときの陰性、陽性の相対的な気の動きが一体となって物を生みだす力になってきている。それが我々のいう太加天腹《タアカアマノハラ》です。つまり太《タア》というのは陽性、加《カア》というのは陰性で、太《タア》と加《カア》が一つになる。つまり陽性と陰性が一体となったものが宇宙創成の根本のエネルギーで、根本の気である。その地点までさかのぼることがオオヤマトなんで、小さくはオヤモトが物の大元霊というか、宇宙創成の最初の気にさかのぼることをオオヤマトというのです。これが天体からはじまってすべてのオヤモトである。これがオオヤマトなんで、だから大きなところからオオヤマトといえば、宇宙創成の根本の気の動きのことをいうのですね。

編集部　いまは原理的な面からオオヤマトを説いて下さったわけですが、これをもう少し具体的に説明していただきたいのですが……。

法主　そうですね。ヤマトというのは陰性と陽性が一体となって物を生みだしていくことをいうので、弓の矢《ヤ》と的《マト》とが集まってヤマトというし、矢《ヤ》は陽性で的《マト》は陰性である。だからこれでヤマト、従ってフルサトになる。

小さくいえば自分の父親は太《タア》であり母親は加《カア》である。言い換えれば男の方は矢《ヤ》をさげておるし、女の方は的《マト》を下げておる。それが一緒になって私自身が生まれて来ている。ヤマトということはやっぱり個人から見てもフルサトなんだ。それを宇宙にまで広げていくとオオヤマトになる。ヤマト、オオヤマトというコトバ、大きくいえば無限のものであり小さくいえば自分個人にまでくる、これが真理ですね。どこまでもあてはまるというものが……。

日本国の場合は奈良県がヤマトとかオオヤマトと言われている。太加天腹《タアカアマノハラ》というのは太《タア》という陽性、加《カア》という陰性、たとえばお父さん、お母さんだね。タチツテトと変化するから、おタアさんが変化しておとうさん。おカアさんはカキクケコが変化しないでおかあさん、陰性がそのまま残っている。太《タア》さんと加《カア》さんの腹なんだけど、腹が一つにならなければ子はできない。(笑)

大きくいえば地球というものを陰性と考え天を陽性と考えた場合、太《タア》と加《カア》の接触している土の上はね、空中と土地のつぎ目だからハラ＝原・腹ですね。原・腹で種をまいて天と地の恵みによって芽を出す。種は土の中におろされ育つ。人間の場合も同じで大自然全部が同じようになっている。太加天腹《タアカアマノハラ》というのはそういうところから来ている。

編集部　ところで地理的にヤマトを見てゆけばどうなるでしょうか。

法主　日本民族から見ればオヤモト＝ヤマトは奈良県になるし、これがオヤモトで民族のフルサトなんだね。ヤマト平野の南半分は湖やったと思う。平坦部から石器時代のものが出るけどそれ以前の問題やったと思う。ハニヤスのウミとか畝傍《うねび》山《やま》のあたりをシギが飛交《とびこ》うているとかね、古代人が霊界を見て言うたのかも知れんけど、万葉集の中にも出ている。河内《かわち》と大和の境に亀の瀬というところがあって、そこの一角がくずれて、湖の形で溜《たま》っていた大和の水が流れ出た。それから石器時代の人が平坦部で生活した。

だからそれ以前は、生《い》駒山《こまやま》から春日の山にかける大和の北部が古代社会の中心であった。『先代《せんだい》旧事本紀《くじほんき》』には饒速日尊《にぎはやひのみこと》がね、十種《とくさ》の神宝《かんだから》をもって河内の哮《たける》が峰に天降《あまくだ》って登美《トミ》の地方（トミはここですが）に移ったらしいと書いてある。この天降るというのは幽界《ゆうかい》から現界に生まれるということなんで、高い雲の上からヒラヒラとおりて来たんではないんだね。

記録では大和の中心は生駒山から春日山の中間のヤマトの北部のあたりであったらしい。ヤマトはこういう歴史的因縁のあるところで、私が霊界をみた場合、この地方が古代社会の中心であったらしい。登美の小川の両側と斑鳩《いかるが》の里のあたりまで。長曽根彦命《ながそねひこのみこと》をトミヒコというのもここがトミという地名だからですね。

登美の小川が流れて斑鳩の里に注いでいく。そういう登美の小川のほとりで私が明治四十四年に生まれて、宗教で行かなきゃならんという土地柄からみると、歴史以前、古代神代はこのあたりが中心であった。ヤマトの中心で、現在オオヤマトとして紫陽花邑《あじさいむら》が同じ土地の上に出て来ているというのも、別に不思議ではない。大倭教がここに拠点をおいて一つの宗教的な活動をはじめ、そこで古代社会の縮図のような紫陽花邑がこの土地にでき上がってきたというのも、人為でなく「神のまにまに」とでもいわなきゃならない。このようないろいろ深い因縁があって今日の大倭があるといえる。

みそぎで分を知る

編集部　いま大倭の意味についてお話していただいたわけですが、次に紫陽花邑と古代社会についてお聞かせ願いたいと思います。祝詞《のりと》の中に「神集《かみつど》いに集いたまい、神議《かみはか》りに議りたまう」というところがありますが、『古事記』などの底流にはいわゆる一体社会の精神が流れていて、我々の紫陽花邑に再現されているような気がするのです。こうした神《かん》ながら一体社会で理解されがたいのは、中心の位置にあるスメラミコトで、いわゆる今でいう天皇ですが、これが非常に分かりにくい。スメラミコトが羽仁五郎さんの言うように暴力的侵略的なものかどうか、ここらに焦点を合わせて話していただきたいのです。

法主　スメラミコトという言葉はやまと言葉ですけど、漢字でいうたらスメラということは統《とう》、スベル（統《す》べる）、スベオサメル（統《す》べ治《おさ》める）ということで、統御《とうぎょ》することです。ミコトとは命令の命という字を使っていますが、幽界から自分がもってきたお役目というもの、それを現界で果してゆくもの、それをミコトといった。これは誰でもその人なりのミコトをもってきているんだから、誰でもミコトなんです。だから『古事記』を読んでみても、何々のミコトというミコトがついているということは、霊の世界からもってきたお役目というものを現界において果してゆく。スベオサメルというミコトをもって生まれてきている人、人間でいえば頭の位置にあるという人だね。そういう霊的なお役目、資格というものをもってきた人がスメラミコトなんだから、頭が悪くても障害者でも、現界のそういったものは問題ではなく、生まれてくるまでにもってきたスメラミコトの使命が尊いということになる。

編集部　古代の社会でスメラミコトがどういう意味をもっていたかだいたい分かりましたが、それはどのようにして決まったのか。この辺がはっきりしていないから羽仁さんのような説がでるんだと思うんですが……。

法主　古代というものはここに一つの部落がある、となりにも、あそこにも一つの部落があるというふうに、世界的にあったはずですよ。その部落、部落のいわゆる頭になる位置の人が、その部落、部落のスメラミコトであったはずだ。そこでスメラミコトという頭になる人を誰が決めるのかというたら、今だったら選挙で立候補して当選したらなるとか、体力や武力のある者がなるとか考えられると思うが、日本はそうではない。日本のスメラミコトは自分が立候補するのではなく、腕力武力でハタを制覇《せいは》したのとも違う。ということは、ここにミソギというものがでてくる。各々の分を知るということをミソギで知ったと思う。

ミソギということはツミソギということで、ミというのが自分の本心とか霊魂とかたましいとか、自分の心をいうわけです。ツミとはミというもの、自分の生まれながらに持ってきた本心、霊魂の上に、生活環境から出て来るいろいろなもの、知識とか観念、現在意識とかがかぶさってくるのをいいますね。そうなると自分のもって生まれてきたものが表に出てきにくい。そうしたツミをトルというのがツミソギ。ツミソギとはツミをソグ、ケズリトルことをいう。ツミをソグに従ってミイズという、要するに天地自然の恵みというもの、いわゆる神のお徳を水にたとえたミイズが注がれてゆく。これがミイズソソギ。このツミソギとミイズソソギが一緒になってミソギという言葉になった。だからツミソギとミイズソソギは表裏一体のもので切り離して考えるべきではない。ツミがそがれるに従ってミイズが入ってくる。

ミソギをする者の多くは霊動《れいどう》の形から入っていったと思う。動から入って静にゆく。だから禅宗の坐禅とか修養会などで精神統一をやっているけれど、ミソギというのはそういうものではない。昔の人は六月と十二月に二回の大ミソギをやる。六月に上半期のツミケガレ、心についたアカを取る。十二月になるとまた下半期のアカを取る。

編集部　そうした行事は宗教的な殿堂なんかでやったんでしょうか。柳田国男さんなどは古代の日本人に共同体の意識といいますか、一体感を指摘しているようですが……。

法主　結局、古代の日本人というものは、この天地自然と人間というものが一体だという実感をもっていた。空気と人間、草木と人間、水と人間、大自然と人間とを、一体と信じていた。一番神聖な場所として山の上、きれいな河原とかで、ミソギをやった。

そこで天地自然の恵みに感謝して、ただじっと坐っているだけで自然に体が動いてきて、霊動が始まってだんだんと「まがつみ」が削られてゆく。霊的感度が強くなってゆくもんだから、天地自然から人間向上のためにいろんなことが教えられてくる。草がものを言う、木がものを言う、また石ころもものを言うてくれる。それがみんな人間向上の道に結びついたような事を言ってくれる。結局、自分はどの分にあるか、そんな中で自然から教えられる。

スメラミコトの位置になる人は、自分がスメラミコトになる位置なんだ、この部落の頭になるんだということを、自分でミソギの中で自らの役目を自覚するようになる。スメラミコトになるような霊的資格を持っている人であれば、その周囲に於いて霊動が起こったときに、霊界と現界とが一体となった境地、いわゆる神人冥合《しんじんみょうごう》の境地になったときは、今まで現在意識ではあんな奴かと思っておってもその相手がすばらしく大きく見えてきたり、その前に行って自分が合掌して手を合わせて拝むとかね、そういったことがミソギをやっておれば出てくる。そうすれば自然に、ああこの人がスメラミコトであったのかというふうに、霊動から入っていって、スメラミコトになる者もそしてスメラミコトに統率される者も、両方共にその分を霊界から示されてはっきり自覚したと思う。

今のように選挙するようなことをしなくても、ああこの人はスメラミコトであると分かるんだね。我々の部落を発展さすために自分はどのような分にあるかということを、一人一人がみな自覚して分かったと思う。そういうところから古代の社会が出発して来た。

登美の里、今昔

編集部　大倭は斑鳩の里の上流ですし、精神的にも聖徳太子と強く結びついていると思います。太子の「以和為貴」（和をもって貴しとなす）という考え方は大倭の精神的土台でもあると思うわけですが、同時に神ながらの法と仏教の結びつきという点からも非常によく似ている。それから、この場所が光明皇后《こうみょう》がいわゆる悲田院《ひでんいん》、施薬院《せやくいん》のような救済事業を初めてお考えになった、非常に因縁の深い場所だと伺っているわけです。そこで大倭に精神的に地理的に結びつきの深い、聖徳太子と光明皇后について……。

法主　聖徳太子という人は自分が日本人であるということを絶対忘れてない人ですね。だからいかに自分の囲りを帰化人がとりまいても蘇我《そが》氏がとりまいていても、またそういった人たちが仏教などを持ち込んで僧侶なんかがのし上ってきても、やっぱり神道を宗教の中心においているのが大したものだと思う。

夢殿《ゆめどの》に入られていろんな霊示を受けられたそうだが、あの人の行動は殆《ほとん》どが霊示で動いたものだと思う。ところが霊示そのものを顕現《けんげん》することは、ぐるりに帰化人がいたりして難しいわね。日本の天皇はやっぱりスメラミコトでないといかんけれども、あのとき太子が天皇になっていたら日本があやうい。それでおばさんの推古《すいこ》天皇をたて、あの日本の危機を乗り切った。

物質文明では隋はすばらしかった。そういった物質文明が日本に入ってきたわけだが、普通なら物質文明の低い国はたいてい物質文明の高い国の属国になりそうなものだ。けれども「日出づるところの天子、日没するところの天子……」とあるように、日本の古代の中心の考え方をつかんでいたと思う。日本と隋はねずみと牛のような関係だったのに「日出づる……」という貫禄で外交にたずさわった。あの考え方が日本人のふるさとやと思うな。

これは何も日本礼讃《らいさん》と違うので、歴史事実です。その後も隋と交流しているところをみると、日本のそれまでのいろいろのことが結集していて大したものだと思うな。推古天皇も霊感のあった人らしいし、太子も崇峻《すしゅん》天皇が蘇我馬子《そがのうまこ》に殺されても、人間的な計らいでもって蘇我氏討伐をしなかったのは、霊示があったからやと思う。太子の行動の中で不可解なところがあるのも霊示一本で動いたからだと思う。

太子が飛鳥から斑鳩の里に遷《うつ》ってきたのも、やっぱり霊示があったんだと思う。また今の時代のような混沌《こんとん》たるときに、大倭教として宗教活動をする拠点が、同じ登美の小川のほとりで行なわれることになる。斑鳩の里で太子が仏教の拠点をつくり、その上流で今大倭教が出発するのも、何か裏に大きなものがあると思う。

斑鳩の里をながるる登美小川《とみおがわ》
法《のり》を浮かべて神のまにまに

編集部　ところでここを大倭教の拠点に選ばれた事情をお聞きしたいのですが。それから光明皇后のお仕事も加えて。

法主　昭和二十年八月十五日、立教開宣して大倭教が生まれた。そのとき大倭の拠点は一体どの辺にもっていくのか、自分は人間的に考えていた。「時に応じて示す」ということだったので、昭和二十一年頃、街頭布教しながら家でずっと百姓しとった。そこで二十一年八月十二日、ここへ来たとき天に瑞光《ずいこう》が出た。こりゃもうちょっとね、言語に絶するような絶景が出た。東の春日の山際に、夕方やったけど暁《あかつき》のような空、そして太陽が西の生駒の山に沈んだ頃だった。どっち向いたってどっちが日が出とんのか分からんかった。牛の草を刈っていたら上からものすごい力で引っぱり上げるので、早く帰らにゃと思って抵抗して草を刈っていると、二度三度ひっぱり起こす。頑《がん》と抵抗していたが余りにしつっこう引っぱり上げるから上を見たらものすごい瑞光、西も東も暁の空になっていた。なんとまあと驚いて合掌して拝んでいたら、虚空《こくう》から「黎明《れいめい》は訪れたり東方の光、大法は立てり大倭太加天腹《タアカアマノハラ》」という声が響いて聞こえてきた。そして結局私のおったここが大倭の根拠地であるといわれた。

編集部　光明皇后についてお願いします。

法主　たまたまここが、光明皇后が小さいとき体が弱いというので養生《ようじょう》された所だった。自分が皇后になって大仏さんを造ったりしたとき、集めた人達が国にも帰れず行き倒れになったり、帰化人のもってきた癩《らい》病や天然痘で倒れる人も奈良には沢山いた。それで仏さんを造るのにこれだけの犠牲が出たんだからといって、皇后が施薬院、悲田院で、まあいわば奉仕したわけだ。

　聖武《しょうむ》天皇というのは聖の字がつくぐらいの人やけど、あの人のやった政治は光明皇后のここでの霊示によって殆ど動かされていた。だから奈良朝の政治文化は殆どここが中心になっていた。全国に国分寺《こくぶんじ》、国分尼寺《こくぶんにじ》を造って、仏教で国を治めるのが理想だったけれども、だんだん坊主が力を持ち出して来て、後には孝謙《こうけん》天皇（女帝）をしりぞけるところまで来た。聖武天皇は「我は三宝の奴とならん」とまでいわれたくらいだし、殆ど光明皇后の指図通りにやったわけだけれど、それは自分がスメラミコトであることを忘れてしまわれたわけだ。そのことを聖武天皇は霊界でなげかれている。

　私がここへ出てくるというのも、どうも聖武天皇のはからいもあるらしい。あの時代から約一二五〇年後の今、矢追日聖に宗教をやり直して欲しいと、霊界の聖武天皇から頼まれとるんですね。それでここが大倭教の根拠地になるということと、古代大倭の中心であったということは何というか、言うに言われぬ事情があるんです。甚深微妙《じんじんびみょう》の法とでも言わなきゃならんようなものが……。

編集部　今日はいろいろありがとうございました。

（昭和三十九年七月二十三日）

言い足りなかったこと

編集部から藪から棒に「日本人のふるさと」について突然質問されたのであるが、私は気の向くままに話し合ったつもり。

勿論《もちろん》、まとめるのも大変だったと思う反面、自分の思惑《おもわく》の半分も表現できなかったことをお詫びする。何しろ「大倭」や「すめらみこと」それに「聖徳太子、光明皇后と現大倭教大本宮との関係」と言った膨大な問題だけに、ちょっと当惑した。

日本の古代を知る文献は、『古事記』『日本書紀』『先代旧事本紀』それに各地方に残る『風土記』の類等だと思うが、著作が奈良朝初期あるいはそれ以後のものが多いから、古代の日本をどの程度真実に伝えているか疑わしい。編纂者《へんさんしゃ》は帰化人もしくはその系統の学者であるから、中国の思想や中国流の史的編纂法もかなり加味されていると思う。とはいってもそれ等を否定する史的根拠も見つからないから、日本の古代史は奈良朝の日本人が持っていたイメージとして大切に保存する必要がある。

私は日本の古典は殆ど読んでいない。けれど大倭の古代社会は霊的に分かるところがある。この対談の中にもそうした匂いがふんぷんとしているが、古典を通して立証できる面があれば幸いである。仮にできないとしてもそれを迷信なりと否定する科学的資料がないのだから、そのままそっとしておいてほしい。

なお蛇足を加えることになるが、大倭と高天原が不離一体の関係にあること。支那学の学者達が、古代から伝えてきた「おおやまと」とか「たかまのはら」のやまと言葉を、実に巧みに漢字を当てて読ませたのには驚く他はない。大倭や高天原の如くに……。

具体的に小さく説明すれば、自分からみて、生まれた家が「おやもと」で、生んでくれた父母が「たかまのはら」となる。これを祖先にさかのぼり、地域を拡げ、更にこの原理を普遍的に拡大していけば、宇宙創成の太古に達する。日本の古典はこの気の世界（霊の世界）を巧みに神格化して説明しているものと思う。天御中主神《アメノミナカヌシノカミ》、次に高皇《タカミ》産霊神《ムスビノカミ》、神皇《カミ》産霊神《ムスビノカミ》として現われてくる。私の霊示では「タミムスビ（陽）の気」と「カミムスビ（陰）の気」この相対の気が交流一体として造成する本体を「太《タア》加《カア》天《アマノ》腹《ハラ》大《オオ》神《カミ》」と受け取った。天《アマノ》腹《ハラ》は陰陽一体としての「ムスビ」の実体をいう。古典はこれを天御中主神と記している。一言でいえば、大宇宙は大倭、タアとカアの気のムスビの働きによって一体となるものが高天原といった関係。説明はよくないが、いわんとする意味をよくとらえて、より適切な表現法を皆さんで考えて下さい。

（昭和三十九年八月十三日）

一大事の因縁

――日蓮をめぐって

『大倭新聞』第4号
昭和39年12月発行

はじめに

私は折にふれて大倭《おおやまと》の門人達と雑談するとき、ふと日蓮が話題にのぼることがある。本号は特に日蓮に関して是非とも執筆してほしいと頼まれた。一応は引き受けたもののさて何とかまとめようとすれば中々難しい問題であることを知ったのであるが、とはいえ私の世界に今も活き活きとして胎動《たいどう》している日蓮の想念は「私でなければ誰が現界に伝えることができるであろう」と、自らわが尻を叩く今の私である。

明治の末期から日蓮熱が急速に高まってきた。日蓮がもつエネルギーが何かの形において現在人の心の中に生きている事実は認めなければならない。現在人がとらえているもの、それは鎌倉時代の日蓮であり、その依《よ》るところは数多く遺《のこ》された日蓮の論釈や消息文等であると思われる。日蓮は輪廻転生《りんねてんしょう》を絶対と信じていたようだ。この信念が日蓮の全生涯を貫いていたものと私は見ている。換言すればそれは、すべての人は誰でも何かのお役目（一大事の因縁）をもって、そのお役目を果すべき時代にそのお役目を果すべき国または所に、そしてそのお役目を果すに必要とする環境に誕生し、そうしたものが悠久なる太古から流れている時間の中に、何回も廻りながら繰り返しているということである。この観点に立てば私も同一線上にあるといえる。こうしたところから私は日蓮の信念や行動、更には人情等に至るまで肌に感じて分かるものがある。こうした理由のもとに私には日蓮は批判を加えたり研究する対象にはならないのである。あの鎌倉時代を舞台として思う存分に天賦《てんぷ》の大使命に向かって勇猛精進《ゆうもうしょうじん》を続け、最後まで初志を完遂《かんすい》された日蓮の全生涯は、私には一点の非の打ちどころなき金色燦然《こんじきさんぜん》たる実相として映ずるのである。

日蓮との出会い

私は日蓮とどんな宿習《しゅくしゅう》があったのか知らないが、霊的交流をもったのは十六、七歳頃と記憶している。勿論《もちろん》それには私が生まれた家庭環境にも大きな起因が潜在していたことは否めない事実である。

私は太古の「やまと」の都であった生駒山《いこまやま》の東丘陵地帯のほぼ中央部にして、かつて金鵄発祥《きんしはっしょう》の伝承地であった大倭の神域で誕生した。ここは奈良朝頃から明治中期まで鳥見谷《とみだに》と呼ばれ、この中に登《と》美小《みのお》川《がわ》があって南に流れ斑鳩《いかるが》の里を通っている。皇紀二千六百年記念に神武天皇聖蹟《せいせき》「鵄邑《とびのむら》」と国からの指定を受けた地方である。今は奈良市中町であるが、明治の町村制施行《しこう》までは大和国《やまとのくに》添《そえ》下郡鳥見庄中村藤ノ木《しもごおりとみのしょうなかむらふじのき》であった。

亡き祖母は生涯をかけてこの崇高にして霊威あらたかな神域を守り、神霊に仕えた霊感者であったが、日々の生活まで神と共に営むという奇人にして、その行動のすべては霊示によったものである。いま七十八歳になる生母は、祖母に近い行動をとってきたが、これまた鮮明多彩な世にも稀《まれ》なる先天的霊能者である。然しこの二代は女性でありいずれも子供を多く産んだ主婦でもあったため、亡き祖父や亡き父はこと神威に関しては人間的立場に於いてかなり抵抗を試みたのであったが、ついには神の前に帰伏した形となった。三代目が男性の姿で私が生まれたのである。「瓜《うり》のつるに茄《な》子《す》はならず」と古人が言ったのは面白い。

過去二代の信仰の形態を見れば、完全なる神仏混淆《しんぶつこんこう》であるが、それには何の矛盾も奇異も感じない清純な態度であった。世に言う本地垂迹《ほんぢすいじゃく》だの両部神道《りょうぶしんとう》だの、或いは法華神道だの日蓮宗だのとこれら一切のものには全然無関心であって、何のとらわれもなかった。奉斎の主体は大倭の神であって、それに加えて日蓮による法華の信仰をもっていたのである。これは名実ともなう顕幽《けんゆう》一体の理を日常生活の中に色読した親達であったからと思われる。二代にわたって神が用意したその基礎の上に何の宿命か私は据えられたのである。親達が黙々として神のまにまに積み重ねた功徳《くどく》が、今日の私の存在をあらしめた近因だったのである。思えば外典から内典へ、小乗から大乗へ、権教から実教へ、迹門《しゃもん》から本門への流れの如しと日蓮なれば語られるところであろう。これに加えて私は仏教から神《かん》ながらへと言いたいのである。

世界の歴史、つまり地球上に於いての民族の歩みや国の生成転化の諸現象は、いずれも人類の考えによってできたと観ることは片手落ちである。現象として出現する前に既に霊界の方が一歩先にかくなるような動きが起こっているものである。人間がもっている思考力は間断なく霊界に働きかける作用を備えているものであり、その働きに相応して霊界の気はこれまた寸時の休む間もなくその人に働きかけ、人間の頭脳の中に智のひらめきとなって感じさせる。「かんがえる」という言葉は「神（宇宙の智）にかえる」という意味からできたものと思う。もし現在人が把握している智識のみにとらわれた場合、霊界からくる無限大なる智識は、それが一大障害となってほんの僅かしか感受することができない。何ものにもとらわれない心境が霊界からくる大智を最も多く受け入れる器となるのである。

甚深微妙《じんじんびみょう》の法

霊界ではその時その時に、或いはその時代時代に応じた中心のもとに、縦に横に秩序整然とした不可思議な統一組織体ができていて、それは到底人智の及ばない誠に微に入り細にわたって安穏《あんのん》な相対即一体的な動きを伴う平和世界である。霊界は常に現界の社会も絶対平和なこうした姿に近づける方向へと、徐々刻々に働きかけているのである。法華経ではこの「神ながら」の法を甚深微妙の法といって「口の述ぶる所に非ず、心のはかる所に非ず」と美しく逃げている。アジアの大聖者釈尊のような智者でも説明は難事であったように見受ける。日蓮は天台説を基《もとい》としてこれに法華経本門寿量品《ほんもんじゅりょうぼん》の文底《もんてい》に秘められてある釈尊出世本懐の奥義《おうぎ》を悟った「一念三千法門」をもって釈明しているのである。寿量品に説かれた久遠本仏《くおんほんぶつ》（無量百千万億載阿僧祇劫の古仏《こぶつ》）の実体を完全に把握された日蓮の叡智と霊能にただ合掌するの心あるのみ、「仏滅後二千二百二十余年未だ此書の心あらず」（観心本尊鈔副状）と記してあるのも、決して日蓮の自讃や増上慢《ぞうじょうまん》ではないと私は信じているものである。

霊界の動きは、何かの形で現界に反映する。我々の人間社会に於いてはそれは宗教、思想、政治、文化、対外関係等といったものが組み合わされてその時代の社会を形成してゆくようであるが、その多くの場合その社会に生存する人達はその神からの流れに流されつつも、この流れに知らず識らず逆らうような人間的計らいで押し進めてゆくものである。霊界はまたこうした人間社会の各種の現象によって動きの変化を起こすもので、簡略に言えば霊界に在る「因」は現界にその「果」となって顕われ、現界に在る「果」が「因」となって霊界はその「果」としての動きとなる。こうした因果関係が無始無終に繰り返している。小さく人間一人一人は勿論のこと、犬猫等の動物や一木一草に至るまでも同じ動きを具備しているものである。

かようなわけで、人間社会に現われている各種の現象を見そなわれて霊界は神からの流れに添わすため、その時代即応の心で霊的活動の拠点をその時代に最も適切とする地方に移動する。そしてその霊威を奉戴《ほうたい》し、その時代の流れを神からの流れに「まつろわす」（順応）ための人物が必ず霊界から現界に送り出される。その反面霊界はその使命の人に課せられた責任範囲だけは完うさすために、天地自然の諸現象や善悪、清濁、正邪、順逆等を一体的に取りまぜて、その使命達成を援助するように仕組まれている。仏教教典の中からもこうしたことは窺《うかが》われるが、仮に釈尊の出世がなく、法華経等の説明がなかっても、こうした霊界現界の相関関係の法は天地創成の太古に既に実在していたもので、釈尊や天台、伝教、日蓮等の聖者がこの法を創造したものではなく、既存の事実を人間達に知らせるための精進に過ぎなかったのである。

霊界の拠点

紀によれば「東《ひむがしのかた》に美《よ》き地《くに》有り。青山四周《あをやまよもにめぐ》れり。……彼《そ》の地《くに》は、必《かなら》ず以《も》て天業《あまつひつぎ》を恢弘《ひらきの》べて、天《あめ》下《のした》に光宅《みちを》るに足《た》りぬべし。蓋《けだ》し六合《くに》の中心《もなか》か。……何《なに》ぞ就《ゆ》きて都《みやこ》つくらざらむ」と宣《のたま》いて、九州から神武天皇が大挙「やまと」へ遷《うつ》ってきたいわゆる「大和維新」には、霊界活動の中心は大倭であった。そして使命の人は、当時「やまと」の大君《すめらみこと》であった長曽根彦命《ながそねひこのみこと》であった。金鵄発祥の霊光によって、九州代表者が天皇につき、「やまと」から皇后を冊立《さくりつ》してここに新大和朝廷が誕生した。

神のまにまに時は流れて、いよいよ国内を天皇が神意にそって統《す》べ治めなければならない気が満ちてきた頃ともなれば、大倭の霊界では神集《かみつど》い神議《かみはか》りを行なって、その結果霊界活動の拠点を伊勢国五十鈴川上《いすずのかわかみ》に奠《さだ》め、大倭から天降《あまくだ》り遷座《せんざ》したのである。この霊界の動きが現界に姿を顕わしたのが人皇第十一代垂仁《すいにん》天皇二十五年（紀元前五）に創建した伊勢皇大神宮がそれである。伊勢からの霊威を一身に集めてこの世に出現した使命の人は人皇第十二代景行《けいこう》天皇の皇子《みこ》、日本武尊《やまとたけるのみこと》で、その流れは応神《おうじん》、仁徳《にんとく》の世に続いてゆくのである。

この時代は古墳文化の最盛期であって、各地に巨大な前方後円墳が点在している。それらの遺跡から出土している漢式鏡《かんしききょう》をはじめその他の副葬遺物《ふくそういぶつ》が証明するように、かなり繁き大陸との文化交流のあったことは事実である。上代の日本人はこのように大陸の文化を摂取しながらも、日本は独自な日本的歩みを続け、平和な住みよい国となっていたに相違ない。逆にまたこの事情は大陸の方へも伝えられていたと見えて、中国人や朝鮮人等が逐次《ちくじ》わが国に渡来し帰化する者も多くあった。アジア大陸等との密接な交渉を持たなければならないのは、この時代の神議りの顕現《けんげん》であった。霊界は既に伊勢から大倭に戻り、一段と大きい波紋となって動き出したのである。

在来から日本国に住む人達と新しく帰化した大陸の人達が、日本国に於いて渾然《こんぜん》一体となって社会を形成するには、かつての大和維新に見られるような陣痛が再び生ずることは必然の帰結であって、観方《みかた》によれば日本国の危機でもあった。

人皇第二十九代欽明《きんめい》天皇十三年（五五二）に仏教が伝わってから、更にそれに政治性が加わって国内はいよいよ騒がしくなってきた。こうした社会を背景としてこの世に出現した使命の人は、大倭の霊威を奉戴して生まれた人皇第三十一代用明《ようめい》天皇の皇子、聖徳太子（五七四〜六二二）にして、仏教の渡来からわずかに二十二年目に当たっている。帰化人達の勢力は日に月に深く根を下ろし始め、蘇我《そが》氏はその御輿《みこし》に乗ってしまった。勢いあまってついに馬子《うまこ》は人皇第三十二代崇峻《すしゅん》天皇を弑《しい》し奉る《たてまつ》（五九二）という不祥事を引き起こした。日本国の危機を洞察した聖徳太子は摂政《せっしょう》となって霊感者である叔母を推《お》して人皇第三十三代推古《すいこ》天皇を即位させた。太子は神道、儒教、仏教等に更に大陸のあらゆる文化、制度までも受け入れたが、実に手際よく搗《つ》きまぜたうえ、神ながらなる日本国体は毫《ごう》も損ねることなく、新しい日本を造ることに懸命であった。推古女帝と太子はこうした意味においては比翼《ひよく》の間柄であった。太子の精神はやがて大化改新（六四五）となり、皇族の座を狙った蘇我一門は入鹿《いるか》、蝦夷《えみし》の誅《ちゅう》せられたことによってその野望は消え去った。皇統はゆるぎなく飛鳥、奈良朝へと移り、絢爛《けんらん》たる仏教文化の花が咲いたのであるが、この思潮を巧みにとらえた僧侶達の中には地位権力を悪用するものも現われ出し、壮大なる七堂伽藍《しちどうがらん》の中は仏教の本質が次第に消え失せていった。ついに七代七十余年の奈良の都は、平安に遷らなければならない事態に陥ったのである。

末法の闇

平安の世ともなれば、皇族を始め、貴族や地方豪族等互いに人間的な計らいを起こしはじめた。特権階級の座を占めていた貴族藤原一門の如きは、栄華《えいが》の夢に酔い、あたかも藤原ありて国あるを忘れたかのように、あたかも貴族は庶民を奴隷であるかのように振舞った。荘園が物欲をあおり武力を行使する結果となって、貴族の用心棒であった武家が逐次抬頭《たいとう》を始めだした。その代表者は関東を地盤とする源氏、西海地方を根拠とする平氏等の氏族であった。

仏滅後、正像《しょうぞう》二千年を過ぎれば末法濁悪《まっぽうじょくあく》の世となるといわれている世相が、わが国に符合して正に悪世乱闘の世となってきた。舞台は関東に移り、霊界はその拠点を安房《あわ》の国に遷座したのである。

平氏一門や人皇第八十代幼き安徳《あんとく》天皇まで寿永四年（一一八五）西海の底に沈めた源氏の代表者頼朝《よりとも》は、武家政治の中心を関東に定め、建久三年（一一九二）鎌倉に幕府を創設したのである。征夷大将軍であった頼朝は僅か八年目五十三歳をもって薨《こう》じ、そのあとを嫡子頼家《ちゃくしよりいえ》が継いだのであるが、頼朝の死と共にその蔭に潜んでいた内訌暗闘《ないこうあんとう》が暴露するに至って、若き二代将軍は就任僅か四年目にして北条時政に伊豆の修善寺に幽閉《ゆうへい》され、翌元久元年（一二〇四）七月十八日に惨殺《ざんさつ》されたのである。頼家は二十三歳であった。

三代将軍は頼家の弟実朝《さねとも》である。承久《じょうきゅう》元年（一二一九）正月二十七日、実朝は鶴岡八幡宮に於ける拝賀《はいが》式《しき》の帰途社前の石段の所にて斬殺《ざんさつ》された。因果の理法は狂いなく北条氏の手を使って、平氏を倒した源氏の正統を鮮やかに亡ぼしてしまった。ここに於いて北条氏は幕府の座を完全に占めることとなった。院の方では後鳥羽上皇等倒幕を謀《はか》られ、承久三年（一二二一）五月北条義時追討の院宣が下されたのであるが、これを知った泰時等は京都に攻め入ったので院の敗北となり、後鳥羽、土御門《つちみかど》、順徳の三上皇はそれぞれ流罪となった。これが世に言う承久の乱で幼少の頃の日蓮の魂をゆすぶった大きな原因ともなった。

使いの人は起つ

日蓮の血潮にひそんでいた純日本主義的想念が、憂国の炎と化して燃えだしたのである。政治の主権をもつ幕府はかくの如き権力の座をめぐって内訌暗闘を繰り返し、天壌無窮《てんじょうむきゅう》の皇統をもっている天皇は「すめらみこと」の本分を忘れて臣下と武力闘争を演じて敗北をきっすという、誠に日本国の柱すら不安定な世の中になった。もしこうした状態を繰り返すならばやがては日本国の滅亡となる。動機相呼ぶとでもいうか、この頃既に大陸を席捲《せっけん》しその雄を誇っていた蒙古国が、朝鮮を始めわが日本国まで侵略の手を伸ばさんとして虎視《こし》眈々《たんたん》たるものがあった。内憂外患《ないゆうがいかん》正に日本国にとっては未曽有《みぞう》の危機が訪れたのであった。
妖雲を巻き起こした承久の乱は余燼《よじん》を残しつつも何とか鎮《しず》まった。明けて貞応《じょうおう》元年（一二二二）二月十六日、濁れる池に一輪の蓮の如く安房国長狭郡東條郷小湊《あわのくにながさのこおりとうじょうごうこみなと》の漁夫の家に降誕した善日麿《ぜんにちまろ》、これぞ後にいう日蓮その人であった。歴史の流れから汲み取った日蓮こそ、鎌倉時代における国家の危機を救うべき使命の人でなければ何であろう。

文永十一年（一二七四）二月二十一日付、日蓮五十三歳のとき流謫《るたく》の佐渡ケ島から弥源太《やげんた》殿に宛てた御返事の中に、この間の事情が端的に記されてある。

「其上日蓮は日本国の中には安州のものなり、総じて彼国は天照大神《あまてらすおおみかみ》のすみそめ給いし国なりといへり、かしこにして日本国をさぐり出し給ふ。あはの国御くりやなり。しかも此国の一切衆生の慈父悲母なり。かかるいみじき国なれば、定て故ぞ候らん。いかなる宿習にてや候らん。日蓮又彼国に生れたり、第一の果報なるなり。」

つらつら思うにおよそ使命の人は、必ず霊界と現界を結んで行動するトランスの立場におかれているようである。佐渡に於ける撰述書を見れば、自ら「日域沙門《にちいきしゃもん》日蓮」とか「扶桑沙門《ふそうしゃもん》日蓮」等と称しているところを見れば、教えの面に於いては日蓮は、釈尊の使いと信じて末法の導師たる自覚に基づき不惜身命《ふしゃくしんみょう》にて勇猛精進を続けたのである。日蓮は「いかなる宿習」によって生まれた日本国、しかも房州小湊であった故は、霊能ある日蓮には分かっていたはずである。古来より日本民族が崇敬《すうけい》してきた祖神の神議りによってこの地に生をうけたことを、第一の果報者だと喜んでいるのである。

この年の二月十四日御赦免状《ごしゃめんじょう》は出されていたが、三月八日にそれは佐渡ケ島に着き、同三月二十六日鎌倉へ帰られたのである。

佐渡の日蓮は過去の歩みを静かに省みて、自己の使命に対する自覚を一段と深め、更に絶対の境地にまで達していたと思うのであるが、右の御返事は日蓮の生涯を通じて最も円熟した頃の心境の一端であった。日蓮は一日片時も敬神崇祖《けいしんすうそ》の念をおろそかにせず、また生みの両親に対する感謝の心も忘れたことがなかったのである。「定て故ぞ候らん」と述べているように、日蓮が今世一代は専《もっぱ》ら法華経を色読する行者として、一天四海《いってんしかい》皆帰妙法《かいきみょうほう》の旗じるしのもとに、破邪顕正《はじゃけんしょう》の剣を振るって常寂光土《じょうじゃっこうど》建設に専ら生きる意義をかけていたものである。

佐渡の日蓮をたずねて

私は日蓮の行動の跡を求めて、小湊、清澄山《せいちょうざん》、鎌倉、伊豆、龍《たつ》ノ口《くち》、身延山《みのぶさん》等へは何回も両親を案内して巡拝したことがある。お寺の堂塔や宝物、僧侶等には、奈良で生まれ育ったためか、さっぱり興味や魅力を感じないのであるが、その霊跡それぞれにのみ有する日蓮のもち味と、その時の姿やその時の心境の日蓮に会うことが、私には物凄く懐かしいからである。在世当時からの海山の景色をまのあたりに眺めているとき、その中に在りし日の日蓮が現われたならば全く時代感覚がなくなってしまう。互いに涙を流すことがしばしばあった。ところが遺憾《いかん》なことに、佐渡の土だけはまだ一度も踏んでいなかった。かねてから佐渡の日蓮に会える機会を待っていたところ、母はもう老の身で先が短く、それに体重をささえるだけの足の力が年々弱くなりつつある。生涯に一度だけ佐渡へという老心がいじらしいので、これも親孝行の一つだと思って、本年十月世話役に妻鈴月《れいげつ》と大倭安宿苑《おおやまとあすかえん》の今井苑長を随行させて、四人で待望の佐渡ケ島へ向かったのである。

鎌倉時代の佐渡における人間日蓮を私が現地で面接して得た感覚と、佐渡に於いて自身で記された各種の文書《もんじょ》の中から浮かびでる日蓮の姿を、何とか取りまぜて簡単に記述したいと思うのである。

泣く日蓮

六月二十五日に大倭を立って、二十六日佐渡へ参るつもりで日蓮に伝達しておいたのであるが、何の因果か日蓮が鶴首《かくしゅ》して待っているだろうと一人ぎめしている矢先、思いもよらず同月十六日、関東大震災なみの大地震が、新潟、佐渡地方を襲ったのである。火攻め水攻めといった被害は、甚大であったらしい。日蓮流にいえばこれ瑞祥《ずいしょう》か、何か故ある現象である。「立正安国論《りっしょうあんこくろん》」は、正嘉《しょうか》元年（一二五七）八月二十三日戌亥《いぬい》の刻《こく》に起こった大地震を見て勘《かん》えたといい、これ正法《しょうほう》の流布する瑞祥と見ている。三十六歳の時の日蓮であった。

こうしたわけでやむなく十月に変更し、十六日は新潟の旅館で一泊した。天候に恵まれた北陸の汽車の旅であったので退屈だったからかも知れないが、去る七月七日頃の北陸、新潟地方の大豪雨、大洪水禍、同十六日氷見《ひみ》市胡桃《くるみ》の地すべり、同十八日池田改造内閣の認証式には北陸金沢市及び山陰松江市等の地方の大豪雨襲来などのことが思い出された。

十七日の新潟における夜明けは一点の雲もなく、東の空は美しかった。午前八時四十五分出帆《しゅっぱん》の「なみじ丸」に乗った。このころから急に雲が張りつめて風もあった。佐渡両津港に入ったとき小雨が降り出した。富山館へ荷物を放り込んで一途《いちず》にタクシーを塚原三昧堂《さんまいどう》跡へと飛ばした。斜めの雨足が窓ガラスを打つ。なびく草木は奈良では見られない風情《ふぜい》があった。車は止まる。道路わきに三昧堂だったという石垣の段の上に石で玉垣をめぐらし、正面に供養塔が立っていた。つかつかと近よった。佐渡の日蓮とは初対面である。涙ぐむ日蓮と会ったとたん、腹の底からこみ上げてくる激情をおさえることもできず、肩を大きくゆすり、波状的に涙は頰を流れた。緊張の中に悲壮な思いを込めた日蓮の顔からは、人間的な不安な色も漂《ただよ》っていた。気がつけば寿量品自我偈《じがげ》を唱えている母の声が聞こえ、左隅の玉垣に鉄が磁石《じしゃく》に引かれたような形にて鈴月は身動きもしない。よく見れば遥《はる》か上の木の梢《こずえ》に霊跡《れいせき》を守護している大天狗が「喜色坊大善神《きしょくぼうだいぜんじん》」と大音声《だいおんじょう》にて名乗りをあげ、しきりにこちらへ挨拶をしていた。天にも感応したのか、降る雨までが込み上げて流るる涙の如き降り方であった。右側のお堂の軒にて腰を下ろし当時の日蓮のお住居《すまい》を偲んだのである。

度重なる法難の中で

日蓮が佐渡へ流罪になったのは、文応元年（一二六〇）三十九歳のとき「立正安国論」を最明寺《さいみょうじ》入道《にゅうどう》（北条時頼《ときより》）に献じたことにはじまり、文永八年（一二七一）平左衛門尉頼綱《へいのさえもんのじょうよりつな》に文書を送り再び「立正安国論」の大義を高調されたことで龍ノ口での死罪となり、神秘出現によって執行不能となったため、佐渡の流罪となったのである。日本における正法弘通《しょうほうぐつう》の根本義は「立正安国論」にあったと思う。わが命をなくすること黄金と糞の交換に等しいと言われた日蓮なればこそ、鎌倉将軍に向かって諫言《かんげん》を試みたといえる。鎌倉の日蓮の魂は「一昨日御書《いっさくじつごしょ》」に溢《あふ》るるほど盛られている。

「……抑《そもそ》も人の世に在る、誰か後世を思はざらん。……而るに専《もっぱ》ら正路に背いて偏《ひとえ》に邪途を行ず。然る間聖人国を捨て善神瞋《いかり》を成し、七難並びに起って四海閑《しずか》ならず。方今世悉く関東に帰し、人は皆士風を貴ぶ。就中《なかんずく》、日蓮生を此の土に得て豈《あ》に吾国を思はざらんや。仍《よ》って立正安国論を造って故最明寺入道殿の御時、宿屋の入道を以て見参に入れ畢《おわ》んぬ。而るに近年の間多日の程犬戎《けんじゅう》浪を乱し、夷敵《いてき》国を伺ふ。先年勘《かんが》え申す所、近日符合せしむる者なり。……抑も貴辺は当時天下の棟梁なり、何ぞ国中の良材を損せんや、早く賢慮を回《めぐ》らして、すべからく異敵を退くべし。世を安んじ国を安んずるを忠と為し孝と為す。是れ偏に身の為に之を述べず、君の為、仏の為、神の為、一切衆生の為に言上《ごんじょう》せしむる所なり。」文永八年九月十二日、日蓮五十歳。

日蓮は国家社会の安穏を命をかけて祈り、この書を提出されたのであって、将軍政治の世の中に「君のため」にと第一義に記されているところに、鎌倉幕府のお膝元にて「立正安国論」を著《あら》わされた血気に満ちた三十九歳頃の日蓮の獅子吼《ししく》が彷彿《ほうふつ》として浮かんでくる。

それから十一年目、鎌倉の土牢にある弟子達に後髪を引かれつつ、文永八年十月十日、日蓮は依《え》智《ち》を立って、同月二十八日佐渡ケ島についたのである。塚原三昧堂に連れられた日蓮はかなり複雑な心境であったようだ。法華経の行者には諸天善神が昼夜守護するはずであるのになぜ日蓮は流されたかと退転する者も多く、塚原の事情から察すれば到底生き抜く自信もない。ここが一期《いちご》の地となるかも知れないと考えた日蓮は、己が魂を撰述書に或いは弟子達に宛てた手紙にとどめおこうと決意した。塚原に於ける文書のすべては、今生《こんじょう》に遺そうとした日蓮が五十歳の魂魄《こんぱく》の具現である。

佐渡からの便り

佐渡からの第一信は日蓮の出家寺《しゅっけじ》、房州の清澄山にいる浄顕《じょうけん》、義浄《ぎじょう》の両法兄《ほうけい》に宛てている。殆《ほとん》ど塚原に着いて間もない頃のようであるが、房州は誕生の地であり旧知の人も多かったので、何はさておき今生の思い出のような気持も多分に含めて送ったようである。

「九月十二日に御勘気を蒙《こうむり》て、今年十月十日佐渡の国へまかり候なり。……仏になる道は必ず身命《しんみょう》をすつるほどの事ありてこそ仏にはなり候らめとをしはからる。既に経文のごとく、悪口《あっく》罵詈《めり》、刀《とう》杖瓦礫《じょうがりゃく》、数数見擯出《さくさくけんひんずい》と説かれて、かかるめに値《あ》ひ候こそ、法華経をよむにて候らめと、いよいよ信心もおこり後生《ごしょう》もたのもしく候、死して候はば必ず各各をもたすけたてまつるべし。……日蓮は日本国東夷東條安房の国海辺の旃陀羅《せんだら》が子なり。いたづらにくちん身を法華経の御故に捨てまいらせん事、あに石に金《こがね》をかぶるにあらずや、各各なげかせ給ふべからず。」

日蓮が若き頃、鎌倉に遊学してから叡山《えいざん》、三井寺《みいでら》、南都、京洛に修学していた間は、その食費から衣服、旅費まで一切経済的援助をしていたのが下総国《しもふさのくに》若宮に住し、上総《かずさ》下総の国内に多くの領土をもっていた富木《とき》氏であった。彼は日蓮の父、貫名《ぬきな》重忠《しげただ》の妻、即ち日蓮の母梅菊の一族であったためである。彼は日蓮在世中は檀越《だんおつ》となり、建治二年（一二七六）の夏身延で日蓮（五十五歳）の手により剃髪《ていはつ》し、常修院日常の名を得、滅後は中山《なかやま》、法華経寺の第二世となっている。

塚原での生活が始まって約一ケ月目に、後を追うように富木殿からの使いの者が見えた。地獄で仏に会った喜びのようである。その御返事に少々塚原の様子が窺うことができる。

「……此北国佐渡の国に下著《げちゃく》候て後、二月《ふたつき》は寒風頻《しきり》に吹いて霜雪更に降《ふら》ざる時はあれども、日の光をば見ることとなし、八寒を現身《うつしみ》に感ず。人の心は禽獣《きんじゅう》に同じく、主師親を知らず。何《いか》に況《いわん》や仏法の邪正《じゃしょう》、師の善悪は思いもよらざるなり。……流罪の事、痛く歎かせ給ふべからず。……命限り有り、惜《おし》む可からず。遂に願ふべきは仏国なり。

追伸　小僧達少々還へし候、此の国の体たらく在所の有様御問ひ有る可く候。筆端に載せ難く候。

文永八年十一月二十三日」

こうした心境の中に、日蓮一期の大事な文として「開目鈔」二巻を塚原のこの雪の中で四ケ月かかって書き遺されたのである。

日蓮は泣かねども涙ひまなし

この「開目鈔」に記されている有名な「我日本の柱とならん、我日本の眼目とならん、我日本の大船《たいせん》とならん等と誓ひし願破るべからず」の言葉は、日蓮が今世に遺す最後のものといった悲壮感が漲《みなぎ》っている。今日生きていることが不思議と思いながら執筆された御文《ごぶん》である。弟子最蓮房に渡された「祈祷鈔」もこの時の作で、この間の心境を窺うに十分である。

この塚原で、かつて順徳天皇についてきた北面の武士、遠藤為盛夫婦と、日蓮より先に佐渡へ流されていた叡山の学匠最蓮房の二人が弟子となっている。明けた年の三月十三日、阿仏房（為盛）

に宛てた御書の中に、

「……浄行菩薩うまれかわり給いてや、日蓮を御とふらい給うか。不思議なり不思議なり。此の御志をば日蓮はしらず上行菩薩の御出現の力にまかせたてまつり候ぞ」

と手放しの喜び方を披瀝《ひれき》され、日蓮に対する援助協力や食事まで世話になった志に衷心《ちゅうしん》からの感謝を述べられている。また最蓮房への御返事に（文永九年四月十三日）、

「……我等は流人なれども身心共にうれしく候なり。大事の法門をば昼夜に沙汰し、成仏の理をば時時刻刻にあじわう。……我等が如く悦《よろこ》び身に餘りたる者よもあらじ。されば我等が居住して一乗を修行せんの処は、何れの処にても候へ、常寂光の都為《た》るべし。」

流人同志の喜びを分かたれてはいるが、同年の四月十日富木殿の御返事にはもういよいよ殺される時がきた意味を示されている。

「日蓮臨終一分も疑い無く、頭を刎《はね》らるる時は殊に喜悦有るべし。……摂取折伏の二義、仏説に依る、敢《あえ》て私曲にあらず、万事霊山《りょうぜん》浄土を期す。」

不思議にも日蓮は生きのび、一ノ谷にて文永十年四月二十六日（五十二歳）「観心本尊鈔」を撰述して富木氏に贈られている。五月には「如説修行鈔」を弟子、檀那《だんな》へ送られ、袖書に「御身を離さず御覧あるべく候」とあり、実に雄大壮烈な記し方である。この頃日蓮の身には日夜危険が迫っていたことは、文永十年五月十一日撰述の「顕仏未来記」に「日蓮は今の天変地夭《てんぺんちよう》がこの国に大法

の興る前兆であることを知ってから、早や二十一年である。この両三年の間、日に月に重なる災難は、日蓮が死罪にあおうとする兆《きざ》しである。今年こそ今月こそは、命も助かるまい」ということが記してあることによっても分かると思う。この頃の日蓮の涙は最蓮房に宛てた「諸法実相鈔」(文永十年五月十七日)の中から汲み取ることができる。

「……うれしきにも涙、つらきにも涙なり。涙は善悪に通ずるものなり。……現在の大難を思いつづくるにも涙、未来の成仏を思いて喜ぶにも涙がせきあへず。鳥と虫とはなけども涙をちず、日蓮はなかねども涙ひまなし。」

終わりに、これらと相前後した頃、四條金吾殿に贈った御返事によって、佐渡流謫中の日蓮の心を偲ぶことにする。

「……かかる身となれば、所願も満足なるべし。然れども凡夫なれば、動《やや》もすれば悔《くゆ》る心有りぬべし。……此の佐渡の国は畜生の如くなり。又法然が弟子充満せり、鎌倉に日蓮を悪《にく》みしより百千万億倍にて候。一日も寿《いのち》あるべしとも見えねども、各御志ある故に今まで寿を支へたり。……是へ流されしには、一人も訪《と》う人もあらじとこそおぼせしかども同行七、八人よりは少《すくな》からず、上下のくわて(資糧)も各の御計ひなくばいかがせん。」

身延山での奇蹟

塚原に於ける日蓮の気の動きを御遺文の中からひろったのであるが、更に一段と悲壮感が私の身にこたえていた。凡夫としての日蓮の愚痴に近いものまで語ってくれたので、もう一度必ず佐渡へ参ると約束を交わし涙で愛別離苦《あいべつりく》、会者定離《えしゃじょうり》を味わって、真野《まの》の御陵に向かったのである。雨風は激しさを加えてきた。

身延でお会いする日蓮とはこれが同人《どうにん》の霊であるかと疑う程の開きがある。かつて身延に招かれた時の状況を記してこの稿は終わりたいと思う。

私が東京に居った頃であった。昭和十六年九月二十二日の夜だった。神拝していると思いがけない日蓮が現われて「至急に身延へ来てほしい。語りたいことがある」と言う。当時私は三十一歳、日蓮が郷里清澄山の旭森《あさひがもり》で本化《ほんげ》の題目を朝日に向かって唱えた時が三十二歳、何か深い意味があると心得て、明くる二十三日身延へ単身で急行した。息を切らして西谷《にしのたに》の御草庵跡へ走った。まず現状をまのあたりに見て驚いた。石の玉垣で囲ってあった中央の題目碑は取り除き、あたりは乱してあり、常経殿《じょうけいでん》の建設中であった。前の谷川は昔の面影もなく、料理旅館の庭の如く石積みが始まって、見るも浅間しい僧侶の堕落を物語っていた。深夜ただ一人御草庵前の石段に単座してゆっくり日蓮と対談したのである。老いやつれた日蓮は時々咳《せ》きながら最後に一言「身延は汚れた山なり」と言って瞳をくもらせて立ち消えた。暫《しばら》くするうちに、白の上衣《うわぎ》に緋《ひ》の袴《はかま》をつけた美しい五人の少女が前に現われて、「明日は必ずお山へ登って下さい。七面天女がお待ちです」と使者の伝言を終わって消え去った。私はお招きにしたがって、二十四日七面山へ下駄ばきで上がった。本堂では会えなかったが、引かれるままに辿りついた池の所で七面天女にお会いして、二十五日身延へ下りた。この夜も十二時頃、工事中の真暗な道を手さぐりで草庵跡へ参った。小川に下りて芹を摘み、米を洗い、洗濯したりなどしておられた日蓮の身延における日々の生活を思い浮かべつつ、そのまねごとに興じたり、体を沈めて身を洗い、ころがっていた石ころに頬をつけたりして遊んでいると、微笑を浮かべた日蓮がつかつかと側へ来た。「託したきことある故、二十九日の夜、必ずここで会いたい」と言われた。明日は帰京の予定だったが変更した。約束の二十九日夜、草庵の傍《かたわら》に在る仮堂の中に坐って待っていた。もう一時になった頃と思うが、大山《たいざん》崩れんばかりの豪雨がうなりを呼んで襲来した。四周《よも》の山からは薄気味悪い百千の狼のうなり声かと思う音響が迫ってきたかと思うと、下から二、三度強く突き上げる。地震ではないように思った。その時、日蓮の声が聞こえた。

「明朝の現象によって、日蓮の心を知るべし、汝と共に行くぞ。」

雨は止んだ、これは一体どういうことか、日蓮とは如何なる宿習ならんやなど思いながら明朝を待つ心で眠ったのである。旅館の後ろを流るるせせらぎの音は懐かしい。三十日朝七時頃、ザァーという大音響が久遠寺《くおんじ》の方から聞こえてきた。見れば仁王門の頂に収まって棟を包んでいるノシ瓦が丁度三分の一、中央だけが辷《すべ》り落ちていたのである。凡人では考えられない不思議な現象である。この実状を後世の人達に参考資料に遺すため写真屋を招き撮らせた。

私と日蓮との親交は以来益々濃厚の度が深まってきたのである。私は昨年夏、大倭の瑞光院《ずいこういん》へ入るようになった。五十三歳にして初めて人間らしき住居《すまい》となった。これから本格的な「神ながら」の宗教活動に入るのであるが、佐渡から鎌倉に帰った日蓮が身延へ幽棲《ゆうせい》したのが五十三歳で、私とは逆に積極活動から身を引いた。この取り合わせは神のみが知り給う。

「春は花咲き秋は果《このみ》なり夏は暖かに冬は冷たし、時の然らしむるにあらずや。」（日蓮）

（昭和三十九年十一月二十六日未明）

日本精神の源流

――長曽根邑のすめらみこと

『大倭新聞』第5号
昭和39年12月発行

はじめに

本教団では長年にわたって、神武建国二大節と定めて、和の瑞光《ずいこう》（金鵄発祥《きんしはっしょう》）の現われた十二月四日と、御即位四年古代やまとの皇祖天神《みおやてんじん》を鳥見山中《とみやまなか》と称せられた長曽根邑《ながそねむら》古都にて御親祭を行なったと伝える二月二十三日には、古代やまと民族の祖廟《そびょう》の霊地であった鳥見の大倭《おおやまと》神宮にて報恩申孝の祭典を執《と》り行なってきた。

本年も十二月四日金鵄祭を済ましたのであるが、この日が廻ってくる度ごとに、古代「おおやまと」（大倭）の大君であった「長曽根日子命《ながそねひこのみこと》」が偲《しの》ばれて、義憤《ぎふん》の涙あらたなるものがあったのである。

皇紀二千六百年記念祭（昭和十五年）の国家的行事の一つに、神武天皇聖蹟《せいせき》決定というものが含まれていて、かなり重要な位置を占めていた。昭和十二年頃ともなれば聖蹟伝承地を有する地方の人々は、もし聖蹟として決定されることは地方発展に結びつくという結論から、更にこれに政治力も加えて、大いに時代の脚光を浴びながら聖蹟顕彰運動へと傾いていった。

当時の常識としては、神武天皇を高く評価する意味において神武以前の「おおやまと」（大倭）の「すめらみこと」（大君）を足髄《あしすね》の長いやまと土着の蛮賊《ばんぞく》の首長と考え、学校の国史でもこのように教育してきた。この大君「長曽根日子命」のことを記には「登美能那賀須泥毘古《とみのながすねびこ》」または「登《と》美毘古《みびこ》」、紀には「長髄彦《ながすねひこ》」の名称で伝えている。勿論《もちろん》これらの文献は歴史事実発生から約十世紀降《くだ》った奈良朝初期の御用学者達によって記述されたものであるからやむを得ないことと思う。

政府は神武天皇聖蹟決定の調査委員を国史学の権威者を網羅《もうら》して編成したのであるが、その拠《よ》る文献は正史として国が認めている『日本書紀』（七二〇）によると限定していた。学者の立場になって考えれば、神武天皇聖蹟調査には何ら資料として文献的価値のない紀の「神武紀」だけに拠るのだから、至極《しごく》迷惑な仕事だったと同情せざるを得なかった。

近鉄奈良線、生駒《いこま》トンネルを抜けると大阪が眼下に展開する。車掌は「くさえざか」と案内する。この地方は九州の人々が彦五瀬命《ひこいつせのみこと》を頭としてこの山を越え、古都長曽根邑に入ろうとした時、大倭の邑人達が自衛上やむなく彼等を迎え撃った古戦場で、昔から「くさか」（草香、日下、孔舎衙）の地名でなじんできた。「くさえざか」の音の響きがどうも私には不快な心情をよびおこす。皇紀二千六百年にはこの地方は聖蹟として決定された。驚いたことに「孔舎衛坂《くさえざか》」と発表されたのである。記には「日下」とあり、現在も「くさか」と呼ばれているが、紀には草香邑、そして会戦の地を孔舎衛坂とあった。もとは「衙《か》」であったものが現在伝わっている紀は転写の誤りか「衛《え》」となっていることは真実であるが、これは御用学者の権力者に対する柔順さを示したものである。記紀編集の学者達にもこうした弱さのあったことを考慮しなければなるまい。

昭和十三年頃、私は「金鵄発祥地と鳥見霊時《れいじ》」は北和地方との説をもって積極的な顕彰運動をおし進めていた。この頃は東京での運動が重点的であった。二十八歳頃の情熱も加わったためか、講演の際長曽根の君に論旨が及ぶと憲兵や特高（警察官）から「弁士注意」と声が掛かったものだ。あとで、必ず「先生‼　長髄彦だけは御遠慮願いたい」と頼まれた。書いても削除になるから誠に困った時代であった。

私の態度

読者に対して私は純史学者でないことをまず宣言しておく。霊界から見た長曽根の大君と、文献的資料にはならない『古事記』『日本書紀』にも僅か記されている所もあるので、これも加えてまとめてみたい。学者なれば単なるお伽噺《とぎばなし》として受け取ってもらえば私は満足であるし、また霊能者であればその人なりの霊的琴線《きんせん》に触れるところがあると信ずるものである。

史学者であれば恐らく記紀に現われた登美毘古また長髄彦（同人名）は実在の人物か、架空の人物か、そのいずれかを決定する資料が無いため、肯定も否定もできない立場にある。神武天皇も同じだが、言えることは奈良朝頃の人達は古来からの伝承や稗田阿礼《ひえだのあれ》のような霊能者の口から述べられた古代からの事柄に、何の科学的裏付けも考えていなかった。それはただ彼等の心の中にのみ事実として生きていた唯一絶対なイメージであったことに間違いはない。
私はこうした学者の世界も十分に理解はしているが、どうしてもこの線からはみ出してくるものがあるので、正直にいえば神憑《かみがか》り的な気狂いにならざるを得ないのだ。仕方があるまい。この種の気狂いが一人でもふえて、気狂いが普通人になるような世の出現を祈りたくなる。

和《なご》やかな平和境

霊界には今も神武天皇や長曽根日子命も実在していて、毎年の十二月四日の金鵄祭には金色燦然《こんじきさんぜん》とした霊鵄《れいし》の和の光が無限大なる宇宙に輝き渡っている実相が見える。こうした感覚から徒然《つれづれ》なるままにかつて留《とど》めおいた愚作を思い出した。

㈠
都貧《みやこさだ》めの戦《いくさ》のさ中
氷雨《ひさめ》降る降る鵄《とび》が降る
金鵄はナー　コリャ親心
金鵄はナー　コリャ親心

ヤッサカ（弥栄）　ヤッサカ
　ヤッサカ　ホイホイ

㈡

長曽根嵐からりと晴れて
　大和心の花が咲く
　（囃子以下同じ）

㈢

天《あま》の羽羽《はば》矢《や》と歩靫《かちゆき》見せて
　鳥見《とみ》と高千穂あふやまと

㈣

八紘《あまよ》一宇《ひとや》は大天照《おおあまてらす》
　大祖神《すめらみおや》の親心

今東京在住の加藤明子さんが作曲し、お嬢ちゃんの礼子さんが振り付けしたので、昭和十五年頃大倭の人達が踊ったという一齣《ひとこま》もあった。

邑人達の生活

高千穂地方天孫族の一団は、大倭は六合《りくごう》の中心地で天業恢弘《かいこう》には最適の環境であることを知り東方の美地にあこがれて大挙大倭へ集団移動を決意したのであるが、この頃の大倭地方は農耕を主体とした聚落《しゅうらく》が各地にあって、現今の大倭に在る「紫陽花邑《あじさいむら》」の如きいわゆる「神《かん》ながら」の集団生活が営まれていた。土地は神が造られたものとの信仰をもって、個人の所有権など勿論約束されていなかったので、自然と共同耕作によって生活の糧《かて》にした。いわば大家族構成によって現われた共産生活体ともいえるのだが、この集団には必ず統治の責任者といった頭の位置を意味する「すめらみこと」が厳存していた。この頃の「すめらみこと」の資格者は、各々その人なりの霊能力をもっていたので自分の分をよく知っていた。したがって根幹枝葉の姿の如く自から中央集権的な組織が合議制でなく「神ながら」にできていた。多色彩をもった各集団（邑）が神意に応じて調和を保ち、無統制にして一糸《いっし》乱れない統制のある、「大らかにして、和やかな」理想社会をなしていたといえる。彼等は祭政一致をもって生涯を貫いていた。即ち霊界現界を一体とした思想とも見られる。彼等はまた何かの霊感があれば直ちにそれが自然霊であれ、人格霊（祖霊）であれ、更に動物霊であったとしても、誰一人異議をはさまず挙げて祭礼し「まつろう」（順応）喜びを賑《にぎ》やかに捧げたものである。邑にある「すめらみこと」（紀には君）は神から受ける霊威によって統治の任を完うし、邑人達に対しては日常生活の総親であり、指導者であった。

平素はこうした、純情にして神に帰一《きいつ》しながら農耕を営む人々ではあるが、その反面こうした平和境を守るための自衛的錬磨も忘れてはいなかった。弓矢、鉾、剣等を使用する武術はかなり長じていた。霊界人が指導者の体に憑《かか》って超人間的な修業を積ませていた。これは私の霊視の相であるが、私自身がこの経験をもっているので、古代社会にあってもさもあるべき事実と私は信じている。

古代大倭地方（近畿）の各地に存在した「すめらみこと」の最高位に在った者は、歴代長曽根邑（鳥見）を都とし、ここに君臨していた天孫族の「すめらみこと」にして、「長曽根日子命」といった。

『先代旧事本紀《せんだいくじほんき》』には「天祖《てんそ》は、天璽瑞宝十種《てんじずいほうとぐさ》を以《もっ》て、饒速日尊《にぎはやひのみこと》に授《さず》く。則《すなは》ちこの尊《みこと》は天神《てんじん》の御《み》祖《おや》の詔《みことのり》を稟《う》け、天磐船《あまのいわふね》に乗《の》りて、河内国《かわちのくに》の河上《かわかみ》の哮峰《たけるがみね》に天降《あも》り坐《ま》し、則ち大倭国《おおやまとのくに》の鳥見《とみ》の白庭山《さにわやま》に遷《うつ》り坐《ま》す」と記されている如く、上代の人は、長曽根邑の歴代の「すめらみこと」は天孫饒速日命の系統であったと信じていたことが窺《うかが》われる。

一方高千穂地方の歴代の「すめらみこと」も同じく天祖から三種の神宝《かんだから》と御祖の詔を稟《う》けて天降った天孫瓊瓊杵尊《ににぎのみこと》の子孫であると紀には伝えている。

記録にある「天降《あもり》」は高い所から低い方へ流れ移る意味を指すのが広義の解釈であるようだが、

この場合は霊界から命《ミコト》もちて人間界に誕生することを指している。誕生（天降）した地方には古くからの住人のあったことは想像できるが、民族学的な見方では大倭、九州両地方の人達が同種民族であったかどうかの裏付けとなる科学的資料は乏しいと思うのである。然し私は同じ霊統の霊界人が、大倭や九州において「すめらみこと」としての使命を果せるような当時の社会的な座に在る家系の中に降誕するものと観ている。それを記紀には霊界の実相をとらえて、饒速日命とか瓊瓊杵尊と記されたものと思う。

日本の原住民

日本列島に居住する日本人は、古く西方の大陸から或いは南方からの漂流民のようにいわれている。私は長い歳月の間のことだからこうした事実のあったことは認めるが、霊界を見たとき、もともとこの日本列島に発生した原住民のあったことも私には分かるものがある。

参考までに学者の説をお借りする。古代人の生活に必要とした代表的遺物は土器である。これの発生は、今日まで定説とされているものは、約七千五百年前、西アジアで農耕文化とともに製作が始められたもので、これが世界の土器の起源といわれている。ところが昭和二十五年春から、横須賀市郊外の夏島貝塚の発掘調査が明大考古学研究室杉原荘介教授らによって行なわれ、その最低層の縄文土器や貝ガラをアメリカのミシガン大学人類学博物館に送り、ラジオ・カーボン（放射性炭素）による年代測定を依頼した。その中間報告が同三十四年春よせられたのであるが、「夏島貝塚の遺跡は約九千年前のものとみられる」という驚くべきものであった。

更に愛媛県上黒岩遺跡（江坂輝弥慶大講師）や長崎県福井洞穴《どうけつ》（芹沢長介東北大教授）から出土した土器は、昭和三十八年八月に米ウィスコンシン大学チャード教授の報告によると、どの文化層も約一万年前から一万四千年前の間に集中していたものらしい。こうした遺跡には異民族による文化の交代は今のところ考えられないそうである。

鳥見谷の危機

「天祖《あまつみおや》の降跡《あまくだ》りましてより以逮《このかた》、今に一百七十九萬二千四百七十餘歳。而《しか》るを、遼邈《とほくはるか》なる地《くに》、猶未《なほいま》だ王澤《みうつくしび》に霑《うるほ》はず。遂《つい》に邑《むら》に君有《きみあ》り、村《ふれ》に長《ひとごのかみ》有りて、各自《おのおの》彊《さかひ》を分《わか》ちて、用《も》て相凌《あひしの》ぎ躒《きしろ》はしむ」（紀）

このような神議《かみはか》りの中で、古くより言い伝えを聞いているという塩土老翁《しおつちのおじ》が大倭讃美説を唱えた。彼地《かのち》は太古天孫饒速日命が天磐船に乗って天降った所に相違ない。青山四周した美わしき所だから、今が都を移すべき時だといっている（紀）。一同異議なく賛成したので大倭へ移る動きとなったようである。

このように高千穂の人々は、大倭は邑に君（すめらみこと）があり村には長がいるが互いに相争っている社会のように考えられていたが、大倭の真相はただ塩土老翁だけが知っていた。地理的な条件や生活環境から見れば、大倭は遥《はる》かに彼地より勝れていたことは事実である。

高千穂の移動の一団は大倭へ武力征討《せいとう》の目的ではなく、遷都《せんと》のために赴《おもむ》いたのは明らかである。河内国草香の津から上陸して、東に向かって生駒山を越えて大倭の都長曽根邑に入ろうとした。大倭では侵略軍の乱入と思い「天神の子《みこ》、豈両種《あにふたはしらま》有さむや」（紀）と滅私《めっし》奉公《ほうこう》の雄叫びをして急遽《きゅうきょ》生駒山に兵を派遣し、自衛上やむなく彼等を草香で撃退したのである。鎧袖一触《がいしゅういっしょく》高千穂軍は長曽根の敵ではなかった。彼の「すめらみこと」長兄彦五瀬命は流矢にあたり浪速《なにわ》の海を血にそめて直ちに軍を返してから、海路紀州の南端方面から大倭へ撃ち入る作戦に出たが、ついに紀伊の竈山《かまやま》にて創病のため薨《こう》じた。熊野の海では暴風に遇《あ》って弟に当たる稲飯命《いないのみこと》、三毛入野命《みけいりぬのみこと》のお二方は海に入りて行方不明となったので、末弟に生まれた狭野命《さぬのみこと》（神武天皇）が「すめらみこと」になって指揮をとった。

苦戦に苦戦を重ね、天佑神助のお蔭によって、近畿南部地方から作戦どおり磐余邑《いわれのむら》、磯城邑《しきのむら》、葛城邑《かつらぎのむら》等を踏破してようやく大倭の中津国まで軍を進めたのであるが、いよいよ再び長曽根邑の精鋭と激突したのである。「皇師遂《みいくさつい》に長髄彦を撃つ。連《しきり》に戦ひて取勝《か》つこと能《あた》はず」（紀）で高千穂軍は連戦連敗となり、もはや窮地《きゅうち》に陥ったとき、その戦の上空にわかに曇り氷雨降り金鵄が輝いた。この奇瑞《きずい》によって勝敗なく両軍は戈《ほこ》を収めたのである。
紀には「長髄《ながすね》は是邑《これむら》の本《もと》の號《な》なり。因《よ》りて亦以《またも》て人の名とす。皇軍《みいくさ》の、鵄《とび》の瑞《みつ》を得《う》るに及《いた》りて、時《ときの》人仍《ひとよ》りて鵄邑《とびのむら》と號《なづ》く。今鳥見《とみ》と云ふは、是《これ》訛《よこばな》れるなり」と伝えられているように、長髄のスネは曽根の訛りで、ソネは裾根を意味する方言である。長曽根邑は現今鳥見谷に見るように、富雄川《とみおがわ》を中にした長き谷筋に鋸歯状《きょしじょう》の如く無数に裾根を引いているところから生まれた邑の名である。稗田阿礼は鳥見（登美）の近く東南方の稗田に住居《すまい》していた人であり、平城の都はこの東に隣接している所だから、記紀の編集者はトミに関する口碑《こうひ》伝承にはかなり明るかったと思う。

長曽根のすめらが御代も偲ばるる
　鳥見の小川の清き流れに

大和維新

狭野命が新大和朝廷の初代天皇となった「大和維新」に際して、蔭の大立物は長年にわたり朝賊の汚名をかぶってきた「長曽根日子命」であった。命《みこと》はまず天神《あまつかみ》の御子である身分を明かすため、狭野命のところへ使者を遣《つか》わして「嘗《むかし》、天神《あまつかみ》の子有《みこま》しまして、天磐船《あまのいはふね》に乗《の》りて、天《あめ》より降《くだ》り止《い》でませり。號《なづ》けて櫛玉饒速日命《くしたまにぎはやひのみこと》と曰《まう》す」（紀）と大倭は萬世一系の「すめらみこと」であるという自覚を伝えているが、高千穂側は「天神《あまつかみ》の子亦多《みこまたさわ》にあり」（紀）と答えている。どちらも天孫であれば必ず天璽があるはずだということになったので、大倭から天《あめ》の羽羽矢《はばや》と歩靫《かちゆき》を示したところ、狭野命は「事不虚《まこと》なりけり」（紀）といって高千穂伝来の天表《あまつしるし》を出した。両者の持物が完全に符号したのである。思えば同族同格東西二大勢力者の融和促進による神議りであったようである。

　これからが問題である。私は霊界に今も残っている「大和維新」の人々の想念に基づいてペンを進めてゆく。

　大倭の実情を正しく伝えた塩土老翁の言を軽く聞き流した高千穂の人々は、草香の戦いにもろくも敗れたので大倭に脅威を感じたのである。鵄瑞《しずい》によって戦塵《せんじん》は一応おさまったが、大倭の実情を身をもって経験した狭野命は進退きわまって苦境に悩んだ。大倭はまがいもなく高千穂と同じ天孫の直系であることを知って愕然《がくぜん》とする。思いもよらず兄君達三人は討死あるいは遭難にて亡くした。狭野命はただ一人よく万難を克服しながら大倭中津国まで進出したとはいえ、武力沙汰では長曽根の敵ではなかった。そして大倭には天業恢弘の理想社会が既に造られていたことを知った。高千穂の人々は大犠牲を払ってわざわざ大倭へ捕虜《ほりょ》に来たような結果になったと嘆いていた。孤独感ひしひしと迫る狭野命は、妃吾《あ》平津《ひらづ》媛《ひめ》や子の手研耳命《たぎしみみのみこと》らと共に悲壮な決意をもって天佑を待つ心で事のなり行きを見守っていたのである。

長曽根日子命は勝鬨《かちどき》を挙げる寸前に霊鵄の瑞光が狭野命を指したので、協和の光と感じ取り直ちに停戦を命じた。大君の至上命令と受け取った長曽根邑の人々は黙然として戈を収めたものの、勝ちに乗じた勢いの向かうところ再度の決戦を予期して待機していたのであった。こうした状況の中に長曽根日子命は天啓を拝して使者を狭野命のもとへ遣わして、左の如き意味の条件を申し入れたのである。

一、狭野命をもって大倭の「すめらみこと」に即かせること。
一、正妃は大倭から冊立《さくりつ》し、吾平津媛は退けること。
一、二代の「すめらみこと」は正妃の腹から生まれます御子をもって嗣《つ》がせること。
一、太古より長曽根邑に鎮《しず》まります天津神《あまつかみ》、国津神《くにつかみ》、八百萬神《やおよろずのかみ》に礼をもって順応帰一《じゅんのうきいつ》し、祭政一致の実をあげること。
一、皇位の護衛は大倭の精鋭をもって任ずること。
一、古き世から神のまにまに顕出した大倭の社会機構はそのまま存続させること。
一、両軍戦没者の霊魂は長曽根邑の祖霊地において鎮めまつること。

以上

狭野命は直ちに群臣を集めて評議したところ、この申し入れのすべてを無条件にて受諾することになった。妃吾平津媛の心境は誠に悲痛なものがあった。狭野命は完全に大倭の婿養子《むこようし》になる形となってしまった。

精華、無常に散る

こうした講和の情報が流れだすにしたがって大倭の人々の憤怒《ふんぬ》は日とともに高ぶり、「すめらみこと」の更迭《こうてつ》に関する疑念の情は濃厚の度を増しつつ、やがては再び大倭を戦禍の巷《ちまた》に化せんとし、軍を構える態勢は目睫《もくしょう》に迫ってきた。この実情を見てとった長曽根日子命はもはや人力の限界を知り、朝露の日に向かって消えるに似たるわが命を神の御前に捧げまつり、大倭の弥栄《やさか》を祈ることを決意したのである。

「悠遠なる神代より今に至るまで、天津日嗣《あまつひつぎ》の大業は天佑神助のお蔭を蒙《こうむ》りてとどこおりなく果すことができた。時は正に高千穂と大同融和の機熟するの秋《とき》である。大倭の群臣達がもつ忠君愛国の至誠の尊きを知るといえども、思うにわれ世に在る限り、狭野命は高御座《たかみくら》に即位し給うこと不可能である。われは大和《だいわ》を生むための礎《いしずえ》であることを悟りたれば、現世を去ること最良の道と心得たり、後々までも現世のことは神議りますよう、恐《かしこ》み恐《かしこ》みも祈《の》る。」

額《ぬか》ずきて神に誓った長曽根日子命は、大倭の人々に「神慮の深遠なるを悟り、我が死をもって意義あらしめよ」と伝言し、従容《しょうよう》として自決して果てたのである。ああ大倭に咲き匂う精華一輪、実を結んで無常の風に散り去ったのである。

講和条約は厳守された。大倭から冊立した媛蹈鞴《ひめたたら》五十《い》鈴《すず》媛《ひめ》が正妃となった。歴代の古都長曽根邑はまだ鎮まらなかったので危険をさけ、天皇としての御親祭は、遥か南方御所《ごせ》市の柏原の地で執り行なった。正妃擁護の目的で、長曽根の精鋭（内の物部）は矛楯を執って近衛《このえ》の大任についたのである。

宮殿を造営し、天皇になるに際しての狭野命の心境を紀には、

「上《かみ》は乾霊《あまつかみ》の国《くに》を授《さづ》けたまひし徳《みうつくしび》に答《こた》へ、下《しも》は皇孫《すめみま》の正《ただしきみち》を養《やしな》ひたまひし心《みこころ》を弘《ひろ》めむ。然《しか》して後《のち》に、六合《くにのうち》を兼《か》ねて都《みやこ》を開《ひら》き、八紘《あめのした》を掩《おほ》ひて宇《いへ》にせむこと、亦可《またよ》からずや」

と伝えていることは、少なくとも奈良朝以前の日本人がもっていた思想であることを知る上に誠に芽出度いことである。これより名を神日本磐余彦命《かむやまといわれひこのすめらみこと》と改め、後に人皇第一代神武天皇と申すようになった。

四年の歳月は流れて大倭は昔日《せきじつ》のように大らかな、和やかな姿に還《かえ》った。新大君は春二月二十三日（本教団の中孝祭）、群臣と共に遥々《ようよう》長曽根邑（鵄邑《とびのむら》）に赴き、長曽根大君の意志にしたがって、盛大にして厳粛な御親祭を執り行なった。これが世にいう「鳥《と》見《み》山中霊畤《やまなかのれいじ》」である。

日本精神のふるさと

至誠はいつの時代か天に通ずるものである。長曽根日子命は余りにも今の世の人々に知られていない。誠に遺憾至極《いかんしごく》であるが、私は命《みこと》の心中を察するとき、これこそ日本精神の権化《ごんげ》といいたいのである。現在注目されつつある日本精神の源流は、この辺に求むべきものではなかろうか。仮にこの命《みこと》が架空の人物であってもよい、然し上代の我々の先祖達の心の中に生きていた事実は、記紀の記録によって実証できる。但しこの種の記録は当時の帰化人や御用学者の巧みな筆によるものなれば、大倭を朝賊《ちょうぞく》の立場に置くことは何の疑義も挟まないが、その記紀の中に長曽根大君がもつ精神内容の片鱗《へんりん》を窺い知ることができるのは不幸中の幸いといえる。

長曽根大君は終始神威を奉戴《ほうたい》して行動をとった人のようである。時の流れに逆らわず、機を見ては抱擁《ほうよう》同化しながら神ながらの大道をはずさず、常に新しいものへと進めてゆく。こうした転化は一人この大君に限らず、現在の日本人の血潮の中に今日唯今も脈々として生きているものではなかろうか。

アジア大陸の東はずれに位する孤島日本国、幾度か大陸の嵐に襲われながらも厳としてゆるぎなき今日のわが国在るを思うにつけ、私の心はひたむきに長曽根大君のもとへ走るのである。

長曽根日子命との対話

私が若かりし頃、長曽根日子命は金鵄発祥のときに受けた天啓を話してくれた。擱筆《かくひつ》にあたって簡略にその要点だけ紹介する。

倭《やまと》は親許《おやもと》の意、宇宙創成の気は万物一切の大親元（大倭）である。この神ながらの原理は万物一切に存在している。

大きくは大宇宙から小さくは人間個人の中に実在している。人間の「おやもと」は両性の陽物陰物（生殖器）に存するが、この相対は間断なく一体的の働きがある。相対の気が満ちて一体となるとき神ながらの動きが生じて、やがて陰性の胎内に新しき生命体が宿りこの世に生まれ出る。

この理を前提として、話は少し大きく建国創業へと移ってゆく。

霊界は、高千穂は男性（父、タミ産霊《ムスビ》）、大倭は女性（母、カミ産霊《ムスビ》）の立場において大同融和の気が動きだした。陽性（高千穂）は陰性（大倭）に恋慕《れんぼ》して行動を開始した。長い歳月を経て大倭に近づいた。生駒山の彼方（西）から恐る恐る気を伺って手を差し伸べた。だが、横腹から無断で這《は》い上がることは神意に反すと大倭は強く肘鉄砲《ひじてっぽう》をくらわした。驚いてあとずさりをした高千穂は足許《あしもと》（熊野灘）でつまづきながらも辛うじて大倭（北）の正面（南）に立ちふさがった。待ってましたとばかり大倭の興奮は高千穂をコテンコテンにあしらった。あたりは暗く見え氷雨を流した両者、気は正にその極に達したとき、光（金鵄）を放射して「和」の生命を大倭に宿した。高千穂は矢《や》の働き、大倭は的《まと》の働き、これを一体とすれば「やまと」の言霊《ことだま》にもなる。

時代の流れはこの波紋を更に大きく画き、世界的にみれば日本国が大倭の立場になりつつ、今日の日本国にまで進展してきたことを示して結ばれた。

私は長曽根日子命の自決の心境を把《つか》むことができたと同時に、命《みこと》のこの敬神崇祖《けいしんすうそ》の精神を世に伝える責任を感じている。

私は何の宿習《しゅくしゅう》か、古代の長曽根邑の中央部、鳥見庄中村《とみのしょうなかむら》に誕生した。私は素直に霊示に基づいて精進《しょうじん》を続けてきたのであるが、いつとはなしに私を取り巻いて「紫陽花邑」ができてしまった。

歴史の還元性か、神のお計らいか、悠久の太古よりこの地に埋まっていた「大らかにして和やかな」古代社会の一角が、再び同じ土の上に昭和の時代色を帯びて浮かび出たといえるのである。

これ大東亜戦争が生み成した新生命でなくて何であろう。

（昭和三十九年十二月十五日）

戦後の日本とともに

『大倭新聞』第6号
昭和40年1月発行

霊界の実在を知る

私は生まれつき短気で剛気で潔癖《けっぺき》で、それに加えてアホ正直で、情には弱く人に騙《だま》されることにはなれたもの。けれど腹は立たない、笑って済ませる程度である。暴力であれ論議であれ、とかく人と争うことは大嫌いである。

いずれは無一物になって死ぬことを知っているため、我利我欲で物事を考えたことは殆《ほとん》どない。わが事よりも人さまの幸福や利益を考えることが多い。これが裸にした私の正体である。

このような変わり者だから、私は神に仕えたり宗教で身を立てるなんておよそ縁の遠い話で、むしろ家庭的な亭主関白の座であぐらをかき、一生平々凡々な日を送る程度の人間であるようだ。ところがどこで間違ったのか、人からは穏健《おんけん》着実な気の長い、慈悲の深い怒りを知らない、まるで聖人のように思われているらしい。おかしなことだ。くすぐったくなる。

現今の私はもともとこんなによく見える私ではなかったはずだったが、何がかようにさせたのか、不思議なことである。

私から言えることは、霊界の実在を知ったことと、広く現界と霊界が因果相関関係を繰り返していて、人は必然的に過去の人の想念を受けついでいるのだということを、永年の体験から悟れたからだと思うのである。

こんな俗っぽい私のことだから、一本気で若き頃にはこうしたことにかなりの反抗を試みたのであるが、とうとう神威の絶対性を尊敬するようになり、霊示には心から順応できる自分ができてしまった。愚俗な正体の私が、いやいやながらも連れ込まれて見せつけられた神秘の世界を曲がりなりにも知ることができたために、虎の威をかる狐のような今の私は類の少ない存在として、人さまからは特異な眼で高く光るように見られているのかも知れない。決して私は高くもないし、光ってもいない。みなと同じであるはずなんだ。

顔の皮と尻の皮とを較べるがよい。優劣、高低を決められるものだろうか。私が光っていると人から見られる、これは有難い。しかし誰だって、一皮むけばみな光るものをもっているのである。この誰もが生まれながらに深く秘蔵している光なるものを、表に放つ人々によって生まれてくる人間社会を私は希望するのである。

日本古代からの宗教（神《かん》ながら）を、その最も必要とする昭和の今日の時代に、私が再建しなければならない霊界からの大命を帯びて大倭《おおやまと》教として発足してから、ここに二十年目の新春を迎えたのである。想えば感慨無量な数々のことが浮かび出てくるのである。

大倭の歩み

敗戦の年、昭和二十年の夏であった。

「大倭がいう神ながらの教えは、今から二十年先（昭和四十年）の頃になれば、その真価を発揮し、いよいよ本格的な動きとなる。神のまにまに精進《しょうじん》せよ」

との霊示を私は拝受したのである。これは折にふれて、大倭一門の家の子達にも軽い調子で何回か話しておいたことがある。それかといって、誰もがこの霊意に合わせるような計画的行動は、けぶりにも無かったことはまことに喜ばしいことであった。

私はその日その日の霊威のまにまに人間根性をぬきにして、自分からいうのもおかしいくらいそれは素直な態度で一歩一歩と行動してきた。その積み重ねが知らぬまに二十年という年輪を作ってしまった。

活動の第一歩が街頭宣布《せんぷ》であったのには、いささか面喰らった。毎週の日曜日に大阪等の繁華街で獅子吼《ししく》したのには、その頃の社会大衆の方がなおさら面喰らったことと思う。

終戦直後の街、神官も僧侶もアメリカさんに遠慮があったのかも知れないが、白衣や法衣をつけた者など探しても見つからなかった。宣布の初めには、必ず「君が代」の国歌を拍手《かしわで》を打ってから斉唱した。武力戦では敗けたが、日本国の生命には何ら変わるところがないといった気持で……。
またあるときただ一度だけ、門人が出征兵士の寄せ書きの国旗「日の丸」を近鉄布施のプラットホームで振ったので、黒人米兵につかまり一晩布施警察署に拘留されたこともあった。

昭和二十二年、宗教活動の大本宮《おおもとみや》を大倭の現在地に移してから、敗戦のために起こった社会事情によって、私のもとへ集まってくる者が多くなった。衣食住はその頃の世間並からみても、最低にあったといえる。生活をささえる条件は、なれない農耕一本であった。食うものも食えず、朝星夕星で私自身が家の子達の陣頭指揮をとって牛の尻を叩いていたのもこの頃であった。栄養失調で倒れなかったのが奇蹟のような思いがする。今の紫陽花邑《あじさいむら》はこうした中に芽生えていたようである。

街頭宣布から次に個人家庭の教化に移った。この頃特に奇病や難病といった霊的障害の患者を多く扱い、私がもつ霊能治療によってかなりの喜びを人々に与えたのであるが、だれもかれもこの喜びを信仰に結びつけるだけで、心は現世利益《りやく》の方面にのみ傾いていく。こうしたことは神意に逆らうことになるのでこれも止めた。現世利益を求めることで、人々は信仰しながら不幸になっていくことを私は知っていたからである。

またこのあと、真面目な素人の霊媒素質をもっている巫女《みこ》が見つかったので、大本宮で心霊実験を兼ねて、霊媒による生活百般の相談を始めた。欲の深い連中が続々集まってきて、盲信に陥ったり好奇心をあおったりして、これも意に従わない結果になっていくので数年にして止めてしまった。

しかし私には得難い人間根性の多種多様性や人の心の裏表など、実に広く知ることができて嬉しく思っている。そのかわり相も変わらず清貧でキューキューしている現状である。生活はプレス加工と建築資材ブロック製造販売でかろうじてささえているのだが……。

昭和三十七年の秋頃から、大倭はＦＩＷＣ（フレンズ国際労働キャンプ）関西委員会の学生達と交流をもつようになった。これも神ながらであって、昨年あたりから求めもしないのに知識層の若者が大倭一門に加わってきた。大倭の古株に新しい芽が萌《も》え始めたのである。私にはすくすくと伸びるよう育てる責任がある。とはいえ、大倭で育つような宿命のものもあれば、そうでない者もいるはずである。子供が産まれるときには必ずそれに必要とする汚物が沢山ある。取上婆さんの大役はそれぞれの神々が扱ってくれるから、将来の心配は御無用である。

私は釈迦、キリストや日蓮のように、ただ真理に基づく教えを人に伝え広めるといった範囲でのお役目ではなさそうだ。さらに一歩前進して、たとえこの紫陽花邑のようなチッポケなものでもよい、この地上に神が造り給う人間の理想社会を現実に残さなければならないようだ。時の然らしむるところだ。もしこれが私の「命《ミコト》」であれば、私は今日まで歩んできたように神のまにまに流されてさえおれば、おのずと実現するものと信じている。流されつつも流れ方は自己本霊が指示するものであるから、私はアホでよいのだ。これが今日の私の正しき姿である。

（昭和四十年一月十五日）

近春歌

新玉の年の始めをおろがめば
朝日は匂ふあじさいのむら

緑濃き門松たてて祝ひなば
末広がりに栄えゆくらむ

朝まだき雪まがくれに百鳥の
すだくを見れば春きたるらし

あじさいむらありのまま

『大倭新聞』第7号
昭和40年2月発行

来者へのかけはし

「この度は、突然大勢でお尋ねして大変お世話になりました。他の会員にかわり厚く御礼申し上げます。

かねてより、私共むすびの家の御地へ参り、是非共先生にお会いしてお話を承りたく思っておりましたが、今回はそれがかない、わずかな時間ではありましたが、先生とも膝を交え得たことは、社会復帰の前途を自覚する上において何より有意義でした。

先生もおっしゃられましたように、ともすれば私共の場合、世間の目が無理解なるが故に、或いは患者自身の心構えがひ弱な故に、本来の方向性も現実の進展も遂げることが出来ません。そういう意味で御地こそ全患者の心の拠点とも思う次第です。どうか今後共、先生の御理解ある御指導をお願い申し上げる次第です。

先ずは簡略ながら御礼の一筆まで、先生の御健勝をお祈り申し上げます。」（原文一月二十日出）

熊本県菊地　社会復帰研究会

坂　口　辰　男

若草山の炎は大空に映えて、大仏殿の甍《いらか》や猿沢池の畔《ほとり》の五重塔が夕闇の中にくっきりと墨絵のように浮かび出ている。この日社会復帰研究会の人々が十名許《ばか》り大倭《おおやまと》を訪れた。一月十五日だったので私達は大倭神宮の祭典を終えて帰ったところだった。夕食のあと彼等と瑞光院《ずいこういん》で会談した。八時三十分頃から十時過ぎまでの僅かな時間であったが、私としても直接この人達から生の声を聞くことができて意外に嬉しく思った。彼等は大倭で一泊した。十三夜の月が冷徹な光を小雪で白く薄化粧した紫陽花邑《あじさいむら》に注いでいる晩であった。右の便りは私宛に寄せられたもので、二十二日落手した。お礼のつもりでこの一文を草したことを断わっておきたい。

大倭は大家族

大倭教は私が創《はじ》めた宗教法人であるが、多くの人は大倭といえば既成宗教の概念によって、身勝手な想像に基づいて、その人なりの大倭を造りたがる。無理のないところだが、まず大倭はいわゆる宗教企業から出発したものでない事を知らせておきたい。私は今世わが意志で生まれたものではないが、何がために生まれ、何をなすべきかを私なりに知っている。もしわが自覚が神意に添うものであっても、我執《がしゅう》のかたまりであってもかまわない、私はただ「やらねばならぬ事をやる」だけであって、その結果として現われる人間相互の利害や功罪は問題にしていない。私の歩む方向は私をも含めて総《すべ》ての人々が喜びをもって暮らせる社会になるようにとの祈りと実践である。私は自分の人間的能力を知っているため限界を越えた考えや行動は慎んでいる。勿論《もちろん》、自分の使命達成のために衆の力を借りるようなケチな根性は持ち合わせていない。神のお計らいによって動いているだけである。大倭教があるいは紫陽花邑が今後において発展しようが、消えて無くなろうがそんな小さなことはどうでもよい。

紫陽花邑は最初から何かの目的のもとに発足したものでもなく、また誰かのために造ったものでもない。二十年の星霜《せいそう》を経た今日でさえも何一つ規約らしきものがないのだが、実体は揺ぎなく厳存している。いま大倭一門（家の子）は五十人許りの大家族である。

家の子達は相互扶助の心で「あなたも幸せに、私も幸せに」と祈り合う拍手《かしわで》の音を肝に銘じて、各々がその日にやるべきことを周囲がどうあるとも自分の責任においてやり遂げて行くことが信条である。こうした意味に於いての個人の動きが調和の姿となって、自分も含めた全体を幸せに生かしてゆく力となっている。「公中の私、私中の公」の原理の味を体得した上に於いて、「地下水の如く清く流れ、紫陽花の如く美しく咲け」と宣《のたま》う神意に添うような自分を造ってゆくことが、やがては世界平和に結びつく最短距離ではなかろうかと私は切に思う。

社会の縮図

紫陽花邑には大倭一門を始め、宗教法人大倭教教務本庁、宗教法人大倭大本宮《おおもとみや》（教宮《きょうぐう》）、社会福祉法人大倭安宿苑《あすかえん》、ＦＩＷＣ（フレンズ国際労働キャンプ）関西委員会事務所及び建設中の「交流《むすび》の家」等がある。

ブロック製造販売、プレス加工、溶接、鉄工や印刷等の事業は大倭大本宮の法人が経営しているのであるが、紫陽花邑にあるすべての事業にはそれに適応する大倭一門の家の子達がその殆《ほとん》どに従事している。大倭一門は大倭教や紫陽花邑の母胎になっている。

ＦＩＷＣの若者達は大倭一門とは別個な立場にある団体である。「交流《むすび》の家」は大倭一門の協力のもとに、彼等が事業主体になって建設を推進している現況である。その目的とするところは、一般社会人との交流の場をも兼ね、癩《らい》回復者の拠点とするに在るようだ。美しく立派な仕事である。それだからトントン拍子にははかどるまい。やるだけやればよいのだ。心配しなくとも歳月が結論を出してくれる。

周知の如く「交流《むすび》の家」の事業開始は前途遼遠《ぜんとりょうえん》である。ところが最近になって患者側（回復者）から社会復帰の声を私は間接的に聞くようになった。そのある者は大倭は良い所だから行きたいということである。私はこれ等の人のために正確な回答をする必要があると思うのである。大倭一門（神《かん》ながら集団生活体、大家族）には癩回復者を迎え入れる何一つの準備も施していない、一般社会人に対しても同じであるが……。正直言って現在の生活の実態は各地の療養所より遥《はる》かに条件は良くない。またここに住する家の子達の様相は名実ともなう世間の縮図といえる。健康者あり、病人あり、老いも若きも子供もいる。夫婦もあれば独身の男女もいる。後家もあれば男やもめもいる。泣くことも、笑うことも、飲んで踊ることも、殴り合うことも、宗教を論ずることも、神を拝むことも、霊動《れいどう》することも、金のやりくりで苦しむことも、人生すべてのものが織りなす鮮やかな人間模様を具現する地域社会である。

衣食住は筒一杯

ここで一つ注意すべきことは、財布一つの集団家族であるためかも知れないが、家の子全員一貫したものが流れているようだ。その一つは、大倭が今に至った流れから汲み取った神秘的な動きを感受している。二つには、自分だけの幸福は成り立たないことを知っている。三つには、家の子お互いは肉身以上の親近感をもっている。四つには、入門した以上いかなる人に対しても前歴を問題にしない。五つには、家の子全員は力を集めてより住み易き生活環境を自らの手によって生み出そうという意欲に燃えている、等々があげられる。大倭は神聖な人達が集まっている別天地ではない。一般社会に劣らない厳しさがあることをまず心得てほしい。

大倭はいつも衣食住は筒一杯という実情で余裕はない。思えば蟹《かに》の穴に等しいのだが、昨年度急に十数人の入門者が増えたので、あわててこれらの人達と共に仮住居《ずまい》を造ったような始末だった。かような状況だから、軒の下で寝てもよい、仕事は真面目にやる、体力を維持する食料さえあればよい、このように単純に割切って来る者は誰でも歓迎して大倭の家族に加えることができる。ちょっと酷な言い方かも知れないが、今の大倭へ来るからには、これだけの覚悟が必要と思う。でなければ現状のまま社会に吹き荒《すさ》ぶ冷たい風が直接身に触れない療養所内で、法的保護を受けて生活するのが賢策である。

大倭ではたとえ何十年療養所に居ったとしても、回復者であれば特別な扱いや過去の病患に対する同情も一切禁物であるところだから、心の癩病だけは自分の力で十分治しておかなければ、大倭は地獄であるかも知れない。

最後に大倭の宗教について一言触れておきたい。数回にわたって『大倭新聞』に自ら筆を執《と》って掲載した愚稿を染まらぬ心で熟読すれば、大倭がいう万教帰一《ばんきょうきいつ》の香りは嗅《か》ぎ取ることができると思う。大倭教は無始無終に輪廻《りんね》している「神ながら」から、私に与えられた器の範囲で受け取った宗教といえる。だから厳格な意味では、神道、神社神道、教派神道、仏教、キリスト教等そのいずれにも属さないものである。換言すれば、これら既成宗教のそのいずれにもあてはまらないぼやけたものである反面、またこれら各宗教の本質的根本義のそのいずれもが大倭には包蔵されているのである。大倭には各種の神道崇敬者や各宗派の仏教徒や各派のキリスト教徒がいる。これらの人達は大倭の神前で各自持前の礼拝方法をもって神拝している。祝詞《のりと》拍手《かしわで》あり、リズムに乗った仏典の読経あり、静かな讃美歌等、まことに多色彩にして調和の姿、見るからに和《なご》やかな美しさである。大倭が行なう祭典儀式は大倭流で執行するが、この時の参列の信者達は一律に同調した態度をとっている。勿論、紫陽花邑の住人もこの例に漏れず、信教に於いては真の意味で自由であることを伝えておく。

むすびに

幸福とは人生において「足《た》る」を知ることなりと私は解釈している。人々の言う幸福には一時的なものやら、長期的なものがある。私は生涯にわたって幸福でありたいと願う。足るを知ることによって如何《いか》なる苦難の人生行路も楽しみながら突破できるのである。私の過去の足跡が如実に証明している。宗教に帰依《きえ》したからとて、その宗教が人に幸福を与えるものではない。帰依さえすれば必ず神や仏の加護があって幸福になれると考える人は強欲の輩《やから》に限られている。幸福な生涯を送るためには、神ながらの法を悟って、神ながらの大道を歩むことである。こうした意味に於いての宗教こそ、現実社会に存在する価値がある。特定の宗教を盲信することは、かえって自己を不幸におとしいれるものである。

（昭和四十年二月十二日）

やわらぎの黙示

『大倭新聞』第9号
昭和40年4月発行

非暴力の意味

三月初旬のことであった。夕食後の団欒《だんらん》どき、私の茶の間に数人の家の子が集まった。誰からともなく持ち出した、非暴力や無抵抗という話題で数時間は賑《にぎ》わった。聞く立場にあれば至極《しごく》面白い。予期しない鉾先《ほこさき》が、ついに私の方に向いてきたのである。一応は人に背を見せるのは、卑怯《ひきょう》だと心得て軽く受け止めた。

最近の大倭《おおやまと》には考える人間が多くなったので、その刺激かも知れないが、ふだんは何ごとも考えない私が、自分が知る本分を忘れて「暴力、非暴力、抵抗、無抵抗」といった日常私には無関心な言葉だったのだが、生意気にも数日考えてみた。こんな愚鈍《ぐどん》な頭で分かるはずがない。学者の御苦労が察せられる。挙句《あげく》のはて風邪をひいて咳《せ》いて痰《たん》が出るのが落ち、といったところだった。それに加えて三十九度の熱があり、肺炎を起こしながらも、約束の日には大阪あたりまで教導に出かけたのであるが、誰にも気付かれず恥をかかずに無事つとめを果し得たのは面白いことだった。養生《ようじょう》一つするのでなし、連日の夜更しや徹夜などを続けているうちに、風邪の方が愛想つかして何時《いつ》とはなしに逃げてしまった。

こうした肉体に現われた一現象の中にも、この問題は渾然一体《こんぜんいったい》の形で織りなされていたようだ。

言葉を切り離して考えるところに、無理があったわけだ。私はやはり考える人間ではなさそうである。

私達は連帯性をもつ、社会の一員たる立場で生活を営んでいるが、その中で日常会話や言葉は、かなり重要な地位を占めているものである。ところが文字や言葉では限界があるため、自分の意思を十分他人に伝えるわけにはいかない。無ければならないものだが、反面また不便なものでもある。話す方も難しいが、聞く方がさらに難しいとほとほと思う時がある。私は限られた言葉を使って、表現不能な味の世界を語る場合が多いので、私のことを狂人だの、誇大妄想狂《こだいもうそうきょう》だの、増上慢《ぞうじょうまん》だの、偽善者《ぎぜんしゃ》だの、二重人格者だのと、まことに多様な見方で受け取られるのも仕方があるまい。一升枡《ます》に一升の物を入れる程度の私ならば、文句はないのであるが、下手な親切心を起こして、無理とは知りながらも一斗の物を入れようとするのだから納まる道理がない。これは私に非があるのだから悪評されてもかまわない。しかし努めて聞き手の器に納まるような話し方をしたいと、私なりに少しは神経を使っているのだが、どうも「応病与薬」流には、うまくいかないのが歯がゆいところである。ときにはいっそのこと誤解をされるのなら、書かず語らずが一番無難のように思えることもあるが、私には言わねばならないし、曲がりなりにも不便な言葉で書きもしなければならない使命がある。

私は額面通りものを見、額面通りものを聞き、額面通りものを語り、額面通りものを書くのだから、裏から表からひねくり廻して読まれると、私の意思は読者には通じ難い。もし素直に読むならば、水に映る月影を把《つか》む程度の理解は可能であると思う。はっきり言えば、今の私を知るには少なくとも五十年以上私と起居を共にしたものであっても、不可能と思うからである。後の世にもし私と同じ使命を帯びて生まれる人があるとすれば、その人だけが正しく私を理解するであろうと、信じて疑わないのである。今、私は記憶の中から次のようなことを思いだした。私が経験した事実の概略を思うままに記述するのであるが、それに対する解釈は読者の自由だから、私はそれには触れないことにする。

災厄《さいやく》の日

昭和十四年のことであるが、暴漢に近い警官に襲われた事件があった。私が在学中の考古学の先生であった石田茂作《もさく》博士が、法隆寺の依頼によって、現法隆寺の前身と伝えられてきた若草伽藍址《わかくさがらんあと》を発掘調査したことがある。当時私は奈良の実家にいたので、先生から連絡をもらった。さっそく自転車で師走《しわす》の寒風を切って富雄川《とみおがわ》の堤を南下し斑鳩《いかるが》の現場に赴《おもむ》いた。十人余りの人夫の手によってすでに発掘は進んでいた。発掘現場の調査主任であった末永雅雄博士が風邪をひいて困っていたので、そのあと私が最後まで引き継ぐことになった。十二月下旬、学界に於いてはこの件についていろいろな事情があったので調査は一応切り上げることになった。出土品は仮に普門院に保管されていたので、私は最後の日、一人残って出土品の整理や古瓦の拓本を取っていたため、帰りが遅くなった。

八時は過ぎていたと思う。月は皎々《こうこう》として昼の如き晩であった。小泉の東堤にさしかかったとき、迫るように背後から自転車の近寄る気配がしたかと思うと、「無灯火やないか、止まれ」と大声で怒鳴《どな》りながら私の前に立ちふさがる者があった。反射的に私は片足をついて止まった。明るかったので電池ランプは消していた。彼はつかつかとそばに歩み寄る。二、三言葉を交わしたが話にはならない。とっさに彼の体当たりをくったので、私は自転車のまま路面に倒れた。あたりは静寂《せいじゃく》にして人家もない。草に宿った霜だけが月光を浴びて冷たく光っていた。西は川の流れ、東は田圃《たんぼ》であるが、道はかなり高い堤の上にあり、川向こうの木々の間からチラチラと人家の灯が見えていた。事件の起こりやすい地理的条件を具備していたので、私は暴漢に襲われたと思いながら無造作に起き上がると、すかさず彼は襲いかかって足払いを数回こころみたが私は動かなかったので、さらに腰投げ、ハネ腰など連続技を掛けてきた。私は柔らかく相手のなすがままに身をゆだねたのだが、彼は腰を入れる度に反動をくって四、五尺前へツンのめるように飛んでゆく。かなり頭へ来たとみえて、最後には私のネクタイを握って堤から落とそうと押しまくってくる。道ぎわまで押されてはヒョイと体をひねって割ること数回、彼は呼吸荒々しく止まった。片手をポケットに入れて何かさぐっている様子らしい。白く月光に閃《ひらめ》くものがチラッと見えた。瞬間に自衛上一パツかまそうかと脳裏《のうり》をかすめるものがあったのだが、相手の動作がのろいのでしばらく注意した。出したものをよく見れば手錠だったのでがっくりと気抜けした。ちょうど年末非常警戒で本署へ出勤する駐在所勤めの巡査であったようだ。彼は両手に手錠をはめて連行するといきり立つ。まさに凶悪犯扱いである。私は手をそらして全然はめさせなかったが、やがて気の毒になったので片手だけ許してやった。二つの手錠を右手首にはめたままペダルを踏んで郡山《こうりやま》署へついて行った。生まれて初めての経験だったので面白かった。取調べ室に入った。「正月は別荘でゆっくり暮らせ」とか口々に悪口雑言《あっこうぞうごん》をはいて巡査達はそばを通る。例の巡査が近よりながら上司の顔を見て、「こいつ物すごい抵抗しやがって、暴力で公務執行妨害をした奴だ」と大声で怒鳴ったかと思うと大きく手を振り上げた。私はビンタをくらうことは分かっていたが、もしこれをかわすと炎々と燃えさかるストーブの煙突に彼は抱き付いて顔面大火傷《おおやけど》をする姿がとっさに浮かんだので、歯をくいしばり、両頬で四、五回受け止めてやった。彼は満足したのであろう、さっそうと引き揚げてゆく。眼鏡だけが哀れにも散っていた。取り調べが始まったが、正直な私の言い分は全然通じない。「叩けばほこりが出る奴だ」と中々きびしい。最後に身分証明を出せという。ポケットの中から発掘現場へ参観に見えた人士の名刺二十数枚をほうり出した。一枚一枚見てゆく刑事の顔は蒼白《そうはく》になってきた。県下の政治家、知名の士、学者、県警の幹部たちだったから無理もない。震える指で名刺を揃えて差し出した刑事の態度や言葉はまるで別人のように変わり、ただ謝罪するのみであった。この様子を見ていた署員たちは逃げるようにして警戒に出ていった。私は暴力巡査の行為を心から許してやった。ということは、私自身どうしても避けることのできない災厄の定めの日に当たっていたからで、その相手役を演じさせられた巡査がかえって可哀想であった。最後に刑事は、蚊の鳴くような声を出して呟《つぶや》くように、「晴天続きであるのにゴムの長靴をはいて、ヨレヨレの黒の中折帽、それに黒のオーバーの耳を立て、無灯火で走っていたためこんな不手際なことになったのだから、どうか気を持ち直して許してほしい」と詫びていた。

家の方では、歳末のことだし常の日より帰りが遅すぎたので心配していたが、この実状を話せば家族のものは皆喜んでくれたのである。

武の原理

私は学生時代剣道をやっていた。稽古については時折霊界人からの指導を受けた。私は剣道で身を立てる使命はないが、剣法から「神《かん》ながらの法」を悟るための修業であると、いつも指導霊から戒《いまし》められていた。

昭和の初めごろ、私がまだ学部一年の時であったと思うが、神宮競技にわが大学を代表して剣道の試合に出場したことがある。不快な敗け方をした。袋に入れた防具を担《にな》って神宮外苑の舗道を放心状態でしょんぼりしながら重い足を運んでいた。神宮橋の袖に腰を下ろしてしばらく考え込んでいたが、そのうちに入神してしまったのである。

日頃指導を受けている例の白髪の老人が現われて「勝敗にとらわれるな」と一喝《いっかつ》をくった。そのあと懇《ねんご》ろに武の原理を説明してくれたのである。

武の言霊《ことだま》は「ウブ」（産）の意である。ウブ、ウブ……ブ（武）となると音声で示した。どんな相手とでも一体となって「和」を産みなすを武といい、その産みなす働きが武術即ち業《わざ》となる。武術は常に錬磨修行《れんましゅぎょう》が必要である。

剣法は神ながらの法を剣に顕現《けんげん》しているので、その働きが剣術となって業に出てくる。処世《しょせい》の道もこれに通じているものである。

稽古の心構えの大切なことは、相手と対した時、「撃つんではなし、斬るんではなし、突くんではなし、受けるんではなし、逃げるんではなし」、この心境で立ち向かうのだ。無念無想、機満ちたときわが意思でない神業《かみわざ》が相手に応じて発現する。攻防一体の理をよく体得せよ。攻防が切り離れて働いたときは和が生じない。勝敗を決するのが真の武道ではない。

この原理を霊界人は実技をもって、各種にわたり相手の出方に応じた極意《ごくい》の業を公開して見せてくれた。霊界でも武人霊は互いにたゆまぬ武術の錬磨をおこたらないのには驚いた。どの業にも一貫して通じているところは、合掌の型に帰一《きいっ》していた。

この程度の説明では恐らく読者には不可解だろうと思うが、今の私にはこんな微妙な神技《しんぎ》を文字で表現する能力をもっていないからこの点は許してほしい。といっても私は霊視によって演技を見ているだけで、その実技を身につけていないから、残念ながら手を取って教えるわけにもいかない。

昭和十五、六年頃のある日のことであった。私が東京の大久保百人町にいた時である。私の秘書役をつとめてくれた小谷文斉《こたにあやなり》氏は、滝野川二丁目に道場を開いている鹿島神流《かしましんりゅう》十八代師範に当たる国井道之（善弥）氏の所へ案内してくれた。一見して私は国井氏は強靭《きょうじん》な霊能者であり、神技をこの世に伝える唯一の使命の人であることが分かった。私とは初対面である。氏は即座に柔道着に白い袴《はかま》をつけ白布《しらふ》でしっかり鉢巻きをした。まず神殿に向かって礼拝し祓《はらい》の祝詞《のりと》を唱え始めた。私はじっと待つつもりで見守っていると、突然国井氏の体から鎧甲冑《よろいかっちゅう》を具し、軍配を手にした武田信玄の霊相《れいそう》が名乗り出たのである。

「神技を公開実演するから、ゆるゆると御照覧下さい」という意味の挨拶があって、気合いと共に六方《ろっぽう》を踏んで消え去った。氏にはこの霊示のことを私は語らなかった。

神拝を終えた氏はただちに内弟子達を相手に鹿島神流に伝わる柔術、剣術、槍《やり》、薙刀《なぎなた》術、棒術等一々説明を加えながら、休むことなく、連続的に約八時間ばかりやってくれた。弟子達はコテンコテンになっていた。霊界で見せてくれた神技そのままを予想以上に顕現しているのには唖然《あぜん》とせざるを得なかったのである。

「今日はどうしたことか、止めるに止められなくなったのは不思議であった」と氏は語っていた。国井氏がこの世に在るを初めて知った私は、何となくほっとした思いであった。これが本物の使命の人なんだ。私は神意の通り神ながらの法を剣道の修行によって知るだけでよかったわけだ。その後私が奈良に帰り一人百姓をしていた時など、国井氏が単身でかけつけ、田植えを手伝ってくれた厚意は今も私の心の中に残っている。氏は今なお健在で、古武道振興のため一途《いちず》に精進《しょうじん》を続けているのである。

虚実の動き

終戦まもなき昭和二十二年の春だった。この時はまだ私は実家で百姓をしていたのだが、毎日曜だけ門人達とともに、大阪の盛り場を選んで街頭布教をしていた。或る日、甘諸《かんしょ》苗代の手入れをしていた昼下りのことである。若いお客さんが数人見えたので、すぐ帰宅するようにと使いがきた。家に戻り手足を洗い、着物に着替えて玄関の応接間へいった。青年達の顔には緊張の色が漂《ただよ》い、肩をいからして正座していた。異様な殺気に近い気が充満している雰囲気の中で、火鉢の正面に私の座だけを空けておき、五人の青年は包囲攻撃隊形にスキのない坐り方をしていた。ツカツカと何気なく私は所定の所に坐って軽く挨拶をしたのであるが、青年達が膝に置いている手首や指、それに体付きや態度や視線の動きなどから、彼等は空手や柔道の猛者連《もされん》であるに相違ないと感じ取ったのである。私は火鉢の灰に刺してある二本の火箸を、無心に右手で握りながら笑いを含めて語りかけた。

「実」と見れば「虚」を示し、「虚」と見れば「実」で押す。「動」で出るときは「静」を保ち、「静」で対するときは「動」の備えを具する。虚実、動静は表裏《ひょうり》の如き一体としての働きをもつ。自然に出てくるこうした気の動きは、いつとはなしに彼らの敵対想念を「なごやかに」ほぐしていった。しかし彼らは中々身許《みもと》を明かさなかったが、フイと私は思い当たることがあった。そして、君達は反共連盟の青年行動隊だろう、と図星を指したので彼らは自白した。こうなれば内輪話を交わすような団欒の場になった。私は敗戦後の日本の建て直しは彼ら青年達の双肩《そうけん》にその殆《ほとん》どがかかっている、大人達は大失敗をおかしたのだから、次の日本は青年の力によって新しく生まれるものであるといった自覚と責務に関して、諄々《じゅんじゅん》と夕方まで話した。視野を拡げた青年の血潮はたぎりたったのだろう、決意をかためた彼らの頬には涙が流れていた。彼らはまごうことのない刺客《しかく》だったのである。私を挾んで両脇に坐った青年はかなり空手ができる者だったようだ。武道の話も加えてやった。日が暮れたとき、数人の門人が野良から帰宅してドヤドヤ応接間へくる。私はとり鎮《しず》めながら事情を話したので、庭に出た門人達は古武道の演技を、テレビにある「柔《やわら》」のように土の上でやって見せた。かの青年達は顔色をかえて、もし手を出しておれば普通では帰れなかっただろうと心から感謝していた。富雄停留所まで四キロ、門人達に徒歩で彼らを送らせた。道々の話がまた面白かったらしい。

ある日曜のこと、私は大阪の阿倍野橋で布教していたとき、青年を満載したトラックが止まった。「日本反共連盟」と大きく書いた布でボディを巻いていた。彼らは無数のビラをはなやかに散らしていた。一枚拾って読んだのだが、前途有望な青年達が一政治家の手先に踊って声を大にし「打倒共産党」を叫んでいる姿を見て、何となく日本の前途にもの淋しさを感じたので、帰宅してから門人達とこの件について話し合った。誰かが連盟本部へ「共産党を倒したところで日本はどうなるか、君達は共産党の副産物ではないか、もし共産党が無くなればそれでおしまいではないか、日本再興のためにはもっと大きな仕事があるはずだ」といった厚意的な葉書を出したらしい。連盟はこれに対するお礼まいりを青年行動隊に頼んだ。隊全員に大倭殴り込みの希望者を募集したところ、参加したものは僅かこの数人だったらしい。

後日、阿倍野橋で彼らと再会した。数人の青年が車から降りて駆け寄ってきた。例の青年達である。一人の青年を指して「これが隊長です。今後ともよろしくお願いします」と丁寧に紹介した。隊長の膝頭がガツガツ打っていた。

言《こと》向《むけ》矢《や》放《はす》

その一

『やわらぎの黙示』の出版にあたって 矢追日聖さんに聞く

――「ことむけやはす」というシリーズの第一冊目として『やわらぎの黙示』を出版することになりました。この「ことむけやはす」という言葉の意味からお話いただきたいのですが……。

「ことむけやはす」というのは、これはもう、古い日本の言葉なんですよ。「ことむけ」というのは、言葉を向こうへ向けて出すということやからね。それを広く動かすというのが「やはす」やね。言葉を外へ向ける。その言葉を弓の矢にたとえて、放した矢が飛んでいく。だから、漢字をあてると「言向矢放《ことむけやはす》」やね。

つまり、今回の出版ということで言えば、弓の矢が飛んでいくのといっしょで、言葉が飛んでいく。文字を通して広く世間の人に読んでもらうということやね。まあ「ことむけやはす」というのはそういう意味なんやけど、この言葉を使えということを霊界から言うてくるんですよ。

――『やわらぎの黙示』は、今まで発表したものの中から二十篇を選んで編集したんですが……。

私、思うんやけどね、戦後すぐの頃に書いたものは、はじめて読んでくれる人、私を知らん人から見たら、これは気狂い沙汰やわな。一般の人の分からんことを言うんやから。

私の書いている内容というのは、ものごとを研究して発表するような、そんなものでもないしね。自分が霊的に感じたこと、いわゆる霊感によって出てきたものを、ただ正直に書いているだけであってね。だから私と同じように、霊的に感じるような人やったら、私の書いていることはある程度理解してくれるやろうけど、一般の常識人が読んでくれたら、ちょっと分かりにくいと思うねん。

そやけど、最近はやっている霊能者なんかには、私の書いていることは本当には理解できないと思う。ある程度の霊感者でなければね。

――霊能者と霊感者は違うということですか。

それは霊感者の方が上ですよ。霊能者は部分的なことは分かるんですけど、大きいところは分からないんですよ。たとえばひとつの霊魂から伝達が来る。これを受けとるんやけども、高級霊の霊波長を受けとる人もおれば、動物霊みたいな下級霊のを受けとる人もおる。その人の器によるんやね。だから本当に高級な霊魂から来るものは、霊感者でなかったら把むことができへんの。

いろいろ言うてくる霊体がおるけれども、何せいかあせいと威張って言うてくるのは、低級な霊に決まってんねん。いついつ地震が起こるとか、具体的にはっきり言うてくるのも、全部低級霊か邪霊です。また、そんなんを受けとる人は、その言うてくる相手がどの程度の霊体なのか、めったに分からへんもの。何が来たって偉い神さんやと思ってんのやからね。まあ、最近はお釈迦様の生まれ変わりみたいな人、ずいぶん出てきてるみたいやけど。(笑)

こんなこと言ったら、えらい自惚れになるけれども、私のところに出てくる霊界の人達はね、高度な人が多いんですよ。それにね、光明皇后でも、日蓮上人でも、聖徳太子でも、この本では友達のような書き方をしてるし、あんなん見たら怒る人もおるやろうと思うねん。

――指導とか命令とかでなくて、友達のような関係なんですか。

命令とかでなくて、相談やね。たとえば大倭安宿苑の福祉施設があるでしょう。あれは光明皇后が出てきて、自分が一二〇〇年ほど昔に慈善的な心を持っていたけど、奈良朝のあんな時代に本当の福祉的な仕事はできなかったと言うんです。だから今のこの社会において、自分のこの気持ちを出してくれと、逆に頼みに来られてんやもん。

この本の中には、そんな無礼なことがたくさんあるんですよ。けど、いくら否定してみたかてしょうがないねん。私の頭の中に出てくるんやもん。日蓮上人や、聖徳太子やってみな拝んどんのにねぇ。私には心やすう出てくるんやもん。これはすまん事やと、私は常識では分かっているけれども、友達のように言うてくるんやから、しょうがないねん。

まあ、私もいろんな体験をしておってね。一般の人が喜ぶような霊界の話とか、そんなんはまたあとの方で出版してくれると思うねん。

――最近、宗教や宗教団体についての話題が増えているように思うんですけれど……。

日本の宗教教団というのは、純然たる企業、宗教らしい企業が殆どですよ。そんな教団の実体を考えたら、なげかわしいけどね。それでまあ、神さんは私みたいなのを出さはったと思うんですよ。

私が最初に「宗教で行け」と言われたとき、まず「御簾《みす》のうちに入るな」と、そして「神輿《みこし》にのるな」と言われたの。それで「社会の人達の一番底辺におれ」と。そこにおらんと本当の宗教の仕事はできんと言うんやな。だから人の上に立って、教祖らしく偉そうにものを言うとか、それは私はできません。そんなことしたら、私はいのちありませんねん。

私のところに出てくる霊界人の言うてくるのを見たら、今の宗教がやっておるのと全部ひっくりかえっとるもん。信者なんか作るな、企業化するなと、そんなことは細こう言うてきますよ。それが大倭のいき方になっとんのやけどね。

　そやから信者みたいの、あまり来てほしくないねん。大勢の人がよってたかって立派なお堂建てるとか、お金を集めてまわるとか、信者を獲得するとか、それは霊界の人は望んでません。縁のある者が来ると言うてるだけやね。

　かといって、私の書いてる内容でも、我田引水というか、人から見たら大倭が一番いいという印象を与えるような面が、ようけあると思うんやわ。それが気になっとんねん。私は自分のとこが一番いいとか、信者になったら幸せになるとか、そんなこと何も思ってないんやからね。だいたい信者を否定しとるんやから。

――そういう意味では、宗教団体としてはゼロ成長ですね。

　いや、それは嬉しいですよ。大きくなってしまうと、世間並の宗教になるもんね。そうすると必ず高いところにのせよるがな。私はもうそれは絶対にあかんわ。

　だいたい大倭へ来る人で、神さん有難いなんていう人、殆どおらへんもの。結局、私との人間対人間の交流やわな。そんなんが本当の宗教やと思うんやけどね。

　今度の本でも、心ある人が読んでくれたら、かなり喜んでくれるやろうと思うけどね。そやけど、そんな人あまり大倭へ来てくれたらかなわんねん。読んで喜んでもろうたら、もうそれでええと思うねん。何も大倭の宗教に入ってくれとか、そんな気持はひとつもないんやし、八十にもなって、出発のときのように大勢来たらかなわんがな。

悪因縁の浄化を

広く世間を見渡せば、男性や女性の数が何時の時代にあっても大体バランスがとれているように思うのだが、個人家庭を見れば男子だけとか女子だけといった家があるのに、社会全体から眺めればうまく調和がとれているのは面白い現象である。両親の意志にしたがって、男女は生まれるものではないのだから、人間の意志以外のところで全体の調和を考えながら計画している、超人間的な何ものかが存在しているに違いない、といった神秘的なものを若い頃の私はひしひしと身に感じていた。

過去の歴史が示す流れの一齣《ひとこま》は、人間の意志で作りなすものには相違ないが、全体の歴史の流れは人間の作為ではないのである。私は人類の歩みについても唯物史観《ゆいぶつしかん》一辺倒ではどうも偏見のような気がしてならない。流れてきた現界の実相が人類の歴史であり、無常に流している力が霊界にある神慮と観るのが私の癖である。とは言え、霊界と現界は切り離すことはできない。互いに交流しながら一体となって、因《いん》・縁《えん》・果《か》・報《ほう》といった働きの関連性を具備しながら、何一つ漏らすことなく同じ原理にしたがって、たえず休まず繰り返しつつ、神意が示す未来像に近づくように今の今も転化しつつある。大きくは宇宙から始まって、小さくは人間個人否肉体を構成している単細胞一個に至るまで、神意に基づいて動いているといえるのである。

世にある多くの人々は、戦争も起こらないし、人と人とが喧嘩もしない、そして自由にして住み心地よい社会の出現を望んでいることと思う。私もその一人である。過去の人の中にもこうした社会を夢みて死んでいった人達もあったはずである。それなのにどうしたことか、歯車の噛《か》み合わない機械が回転しているような現社会の実状は、せいてはどうすることもできないようだ。長い目で見よう。将来において出現する理想社会が生まれるような原因を、これからでもよい、自覚した者から下種《げしゅ》しても遅くないのである。

「戦争反対、平和建設」の声、現社会にあって耳にする言葉の中でこれほど嬉しく響くものはないのである。もし社会の人達が、真にこれを望むならば、現在人の多くの人々が心の中にもっている「人を呪う心、怒る心、人に頼る心、人と争う心」などを神ながらの法に基づいて錬磨修養し、各自が放つ霊波長をまず第一に浄化することが基礎的条件であると思う。かりにもせよ、自分から発した悪想念（霊波長）は邪霊的威力をもってふたたび自分のもとに帰ってくるのだから、その結果は自他共に不幸に陥って、社会の浄化はおろかかえって悪循環を繰り返して、更には住み難い社会を招来することになる。

以上、ふつつかな説明ではあったが、それらの意味においての因果関係の繰り返しによって、今のような社会が生まれたのである。ぼつぼつと過去世の悪因縁をほぐしながら、顕幽《けんゆう》にまたがった浄化に努めなければなるまい。

世には生まれ変わりということがよく言われているが、過去に亡くなった人がそのまま生まれ変わるということはない。あくまでも亡くなった人の霊魂は厳然と霊界に存在しているのである。だが今の日本の社会の権力者や指導階級の座にある多くの人々の中には、平安時代の源平両族から始まって、戦国時代に至る各武将やこれに類する人達の殆ど鎮魂《ちんこん》浄化しないままの気を受け継いでいる人が多くいる。闘争に明け暮れ、魂魄《こんぱく》この世に残して他界した者は、死後の世界においても争いの連続である。霊界の司は人間界においてそうした心を浄化させる親心をもってこの世に出てくることを許したのであるが、ひとたび誰かの肉体に宿れば、この甚深微妙《じんじんびみょう》な親心をすっかり忘れて、再び過去世の悪因縁を繰り返そうと努めるようになる。こうした想念が太平洋戦争にまで拡大したのも自然の成り行きである。ついに敗戦という浄化剤を神から賜った。

次に気になることは、今次の戦いで死亡した幾万の世界の人々が霊界ではかなりの苦しみをもっていることである。しかし幸いなことには、これから世界立て直しの神政が始まる時代だから再びこの世に出る機会は早いと思う。そうなれば一応世界は平和どころか、かえって闘争の場となるのは必然である。平和を目標に進んでいるはずのものが、戦争を引き起こす原因に転化していくような不思議な流れに、抵抗しながらも押し流されることであろうと思う。

まことに憂《うれ》うべきこのような事態に備えて、霊界では何回かこの世に生まれて真の平和社会と人類の幸福に生涯をかけて祈りながら、自己完成の道へ精進してきた覚者達を、数はごく少ないが、すでに世界の各地へ、今の世へ誕生させているはずである。この人達はそろって善因縁を自ら繰り返し、浄霊波を顕幽にわたって放っているのである。悲しいかな、これらの聖者達は社会の裏にあって懸命に表とのバランスをとるよう努めているから、今の世界には最終的な破壊もなく、争いながらも何とか保全の域にあるのである。

高い所から見れば、今は霊界から現界に放たれている霊波は、黒ずんだ邪悪な争いを引き起こす性をもっている。と同時に現界に生まれている人間にもこの霊波をうけて踊るものが多いようにできている。また反面、これらの悪霊波をはね返して霊界から来る無色にして純な霊波と交流して、社会的浄化運動に挺身《ていしん》している少数の者もいる。私は長年の体験によって、後者の「命《ミコト》もちて」日本に送られたという自覚を持つ一人である。私の場合は現界人を治めるよりも、霊界に鬱積《うっせき》して常に現界へ放たれている邪悪霊波を鎮魂浄化しなければならないようである。とはいえ、私だって社会の一員にすぎない弱い人間ではあるが、神ながらは有難いことに、類をもって集まるように仕組んでいるから、私がこの日本に生存するからには、霊界はこの運動を推し進めるに必要とする過去世からの宿縁の者を、時に応じてこの世に生まれさせている。そして何らかの人間関係によって私と結びつき、或いは私の身辺に集まってきて、その人なりに天賦《てんぷ》の使命を果していくものである。

世界平和への道

無計画の中に計画があり、無統制の中に統制があり、無秩序の中に秩序があって、神の摂理に基づく行動が、大倭を主軸として刻一刻、力強く胎動《たいどう》を始めているのである。

大倭の霊波は顕幽にまたがって波紋を大きく画いて伸びていく。それにともなって霊界・現界ともに浄化活動を起こす。これも因果関係の働きである。霊界で浄化した霊波が徐々に現界に及ぼしてくるとなれば、真の平和を願う気が現社会に満ち満ちてくる。この気がまた還元すれば、霊界の悪意は自から力を失せていく。

遠き将来かも知れないが、こうしたところまで漕《こ》ぎつけることができれば、もし過去世の悪因縁によって人類を攪乱《かくらん》しようと企てる者があっても、或いは無数の原水爆を保持していたとしても、彼らの邪悪の想念はやがては自分に戻ってきて、ついに自分の持つ凶器で自分を殺すのが必然の帰結といえよう。武術の極意はよくこの理を示しているものである。

大倭が顕幽一体の形において神が示し給う運動を推し進めて行く合言葉、すなわち霊界と現界を結びつける円滑《えんかつ》な交流の言霊（エネルギー）として示されたものが、「ナモ、タア、カア、マノ、ハラ」（奈母太加天腹）であった。誰か一人この音波を大宇宙に放つならば、宇宙創成の気にして全智全能におわします大祖神《おおみおや》の神威を受けついでいる万物万霊そのことごとくが、一糸《いっし》乱さぬ整然さをもって、大倭に垂示《すいじ》された一大使命を完遂《かんすい》させるために、その一翼《いちよく》となって羽ばたくよう、時の流れが定めているのである。

真の平和社会を祈る者は、まず「みそぎ」によって自己本霊の浄化に努め、音高々に拍手《かしわで》を打ちながら「奈母太加天腹《ナモタアカアマノハラ》」の言霊を大宇宙に向かって高唱することが望ましい。私は強制しないが悟れる者なれば自らの琴線《きんせん》に触れるものがあると信ずる。われから発するものが浄霊波であれば、それは即刻自分のもとに戻ってきて、やがては自他諸共《もろとも》幸いにする働きとなる。相対的に存在する神はいないので、神を祈ることは、すなわち自己本霊を祈っていることになる。神ながらの御本尊には自己の現身《うつしみ》を映す鏡が掛かっているのも神人は一体だからである。ただし霊界にある人格霊は人間と同じく神の本体ではなく、その分神霊としての被包括的神であると説明した方が分かり易いと思う。

霊界は本年に入ってから一段とその動きが活発になってきた。それと共に大倭は対人交流もいよいよ繁くなりつつある。既成宗教の如き形においての大倭教の拡大は真平御免《まっぴらごめん》であるが、世の人々の心の中に生まれながらにして包含《ほうがん》されている神ながらの神性を引き出すために、私は全生命をかける決意を新たにしている。今はただ一身一家の幸福のみを願うときではない。世の人々の心の中に本質的宗教の灯を点ずることによってこそ、自己の幸福も保障されるのである。せめて大倭に縁をもつ少数の人だけでもよい。こうした意味に基づく精進を重ねることが大きく世界平和に近づく最善の道であると私は信じるものである。

（昭和四十年三月二十九日）

対談　梅原猛＋矢追日聖

世界の未来を拓くカギ

『大倭新聞』第12号
昭和40年8月発行

神道の復権を

編集部　今年の八月十五日、満二十歳を迎える大倭《おおやまと》教が、終戦の日以来、日本の発展と歩みを共にしてきた今日までを振り返り、過去と未来をどのように結びつけるのか、またそのためには何をなすべきなのか等について、日聖法主《にっしょうほうしゅ》と、仏教、日本人の感情論に造詣《ぞうけい》の深い梅原猛先生に語り合っていただくことにしました。

明治維新以後、西洋文明というものを、日本の指導的な要素を持つものとして日本は取り入れてきたわけですが、一応いろんな面で西洋のものを取り入れ、日本人なりに消化した現代であるにも拘《かかわ》らず、何かしら未来に渡す掛け橋のようなものが欠けているような気がします。今や日本は思想的に学ぶべきものを探しあぐねているような状態にあります。こうした反省から、やはり日本の伝統を考え直さねばならないという人もいるようですが……。

梅原　だいたいヨーロッパの文化は自然支配の文化であるということを、近代の科学がはっきりと証明しています。自然支配というのは、人間だけが特別で、他は全部人間の奴隷だということなんで、これは人間の中でも特別の人間が支配するという事になるわけです。

そういう支配に対抗しようとするのがマルクス主義ですが、意志による支配という考え方は、人間支配だけは打ちこわしているが、自然支配ということは肯定しています。だから、あるヨーロッパの意志と、それに対する反意志というヤッパリ意志の立場でね、人類の文明がやっていけるかどうか、つまり、意志の文明は意志と意志の衝突という終局の歴史的運命になると思います。そうしたとき地球がどうなるか、その辺の問題をつきつめていくと、もっと意志の立場を捨てた、自然に対する和解の感情みたいなものを根底とした思想を出して来ないと、人類がつぶれていくかも知れない。

それにこたうべき思想的萌芽を神道は持っている。それは本来自然との和解を教えているからですがね。今の世界は西洋のヒューマニズムが支配しているから、マルクスは闘争する必要があるんだ。この闘争の過程を超越するとき、もう少し違った自然に対する権利が主張されてくる。そういうとき、神道が必要になってくるでしょうね。

編集部 神道といえば、国家主義と結びついて考えられやすいのですが、それは神道の本質ではないと思います。神道と国家が結びついたとき起こった神道の変化についてはどうなんでしょう。

梅原 神道にのっとって明治以後活躍した思想家は非常に少ないんですね。神道が国家神道になり保護された事によって、神道の命を殺してしまったという気がします。

平田篤胤《あつたね》や本居宣長《もとおりのりなが》のような思想家が明治以後にないですね。神道と言えば、天皇=現人神《あらひとがみ》のような信仰になってるときに、まともに神道に対して発言すると邪教だという形になりやすいです。

だから神道がある意味で天皇制という病気にかかったから、それにこりて仏教的なナショナリズムが出てきている。しかし、次の段階で明治に解釈された神道は実は違っていた。神道の方が本当のナショナルなものですから、その方から日本の文化を見直せという事が出てくると思うんです。

法主　まあ、こっちもそういう気持で働いているんですが。ちょうど終戦直後、街頭布教に出たんですよ。私が立ったら進駐軍が通訳つけてそばでたいてい聞いてました。

結局さっきおっしゃったように、国家と神道を結びつけて、国内の一つの政策の先走りを神道が受け持ったようにアメリカも考えていたんですね。そういう意味から圧力はかかりました。それで私、大阪のM・P（アメリカ陸軍の憲兵）の本部に自分から行って古神道を含めて宗教的な立場から話したら納得してくれて、それから案外M・Pが協力してくれましたね。

当時の梅田は毛布一枚を背に、野戦から帰って来た栄養失調の兵隊がたくさんいました。そんな中で、神だの、神道らしき事を言うでしょう。かなり感覚が狂ったんでしょうね、大分罵倒《ばとう》されましたよ。

梅原　明治以後の神道で、一番はやったのが靖国神社でしょう。靖国神社に象徴されるような神道はよくないですよ。これは本当の神道ではないという事を、はっきり神道の側ですべきでしょう。

草木の生命を実感

法主　私の感覚ですけど、日本の神道というのは、仏教が来る以前にさかのぼるんです。神社を中心にした神社神道は、かなり神道の本質からズレているのと違いますかね。

それよりも日本の神道というのは、祖先崇拝はあったと思うんですけど、農耕中心の社会に於いて、家庭の中、社会の中にも神道そのものがあったと思うんですがね。

梅原　やっぱり自然の中の霊妙な力というものを崇拝するというか。

法主　そう、それですね。

梅原　だから自然の命と自分の命がつながっているというか、こういう考え方はヨーロッパにはないですね。あってもすぐ消えるんです。この間も梅棹忠夫氏が言ってたんですがね、シュヴァイツァーの思想の一番基本はね、生命の畏敬《いけい》だと言うんですよ。生命の畏敬とは何かと言うと、動物も我々も同じ生命があるということなんですよ。こんなのは日本では当たり前ですが、西洋では人間が特別の存在であるというのが昔からの考え方なんですね。

そういうヨーロッパの思想、文化が失ってるものが神道にあると思うんです。

法主　私なんか特殊な存在かも知れませんが、口では人間と自然とは一体だと言いますがね、草木ひとつでも話し合いができたり、そういう体験をしてきたんです。精神分裂と言われるかも知れませんけど……。

梅原　私の方は理論ではよく分かるんですがね。

法主　これはアジアの思想とか言われるような薄っぺらなもんじゃなくてね、私の場合は本質的に草木と人間が一体であるという実感ですね。

梅原　私はそういうふうに考えていたんですがね。たとえば、

ほととぎす鳴くや五月《さつき》のあやめ草
　あやめも知らぬ恋をするかな

という歌で、「ほととぎす鳴くや五月のあやめ草」というのは、いわゆる序詞《じょことば》ですね、次に心を出すための序にあたるという解釈です。正岡子規なんかは、序詞はいらんという考え方です。「あやめも知らぬ恋をするかな」という、恋の心が自然と一体化しているわけですね。

序詞は全部自然と心が通いあってるわけですね。決して子規のように無用ではなくて、それこそ日本精神の、日本思想の中心だと思います。それが近代になって自然との共感が分からなくなって、序詞はいらないという事になってきた。

しかし、そういう自然と人間の通い合っているものが日本固有の思想で、大変いいもんだと思うなあ。

仏教の底流

編集部 そういう一体観があって仏教が入って来れる素地が用意されていたという事ですね。

梅原 密教が日本に一番定着したのも、日本人のそういう一体観を土台としているという事でしょう。神道と密教が一体になる共通の母体は、その自然観だと思うなあ。

編集部 鈴木大拙《だいせつ》氏の本の中に神道の批判があるんですよ。神道が戦争のとき政策に利用された、それで本来の姿を見るのでなく、結果だけを追っていくような批判が仏教の側から神道に対してありますね。

梅原 そういう場合でも日本人の自然観というのがあるでしょう。それが禅によって養われたと見てるわけね、禅は鎌倉以後でしょう。日本人の自然観は禅以前に出てくるでしょう、万葉や古今集にもね。

ただね、神道は明るく直き心で人間の肯定的な姿を描いたけれど、同時に人間が持っている心の闇を仏教は描いてきた。

編集部 古神道が変質していったのは、どういうところからでしょうかね。

法主 神道という言葉ができたのが、仏教が来てからですからね。仏教の渡来以前は「神《かん》ながら」

とか「神のまにまに」とかね。

日本人の自然観というようなものは生活の中に持ってたと思います。そこへ仏教が入ってきた、それを取り入れる素地はあった、それが神ながらですね。そして仏教の底に神ながらが現代まで流れてきたのと違いますか。

梅原　そこが大事ですね。

法主　だから神道の分かれ目みたいなものはないのと違いますか。

梅原　だいたい仏教が入ってきて神仏混淆《しんぶつこんこう》が出てきた。これを批判したのが吉田兼倶《かねとも》です。しかし彼の立場は神中心ですが、教義は殆《ほと》ど真言密教です。それに対してもっと合理的な宗教をつくるというのが吉川神道《よしかわしんとう》だね、あるいは山崎闇斎《あんさい》というのが出てくる。それらに対して決定的な新しい方向、我々が普通神道というのを考えたのが平田篤胤です。

平田篤胤では、古神道のもってる自然との一体観みたいなものが脱落して、人間崇拝になってくる。しかも現人神として天皇崇拝が一番最初にくるんですよ。そこで神道が大きく変質していきますね。山崎闇斎まではね、まだ自然全部が天・地・人の思想で考えられ、人間も天も地も神のあらわれで、どこにでも霊妙なものがあるんだ、我々の心がすぐ神を実感できるものであるという考え方がある。ところが平田篤胤では天皇信仰に変わっていくという点が、大きいと思うんですよ。

自然を共感するとか、自然と共感してそこに新しいユートピアをつくっていくという思想はね、明治以後の神道解釈では非常にうすくなっていく……。そこが非常に大事だと思うんですよ。難しくいうと、存在論というかね、哲学的にものの存在をどうみるかという点、草木とも共感できる霊がはたらいているという、そういうものについての問いが全然なくなってきている。人間崇拝、悪い意味でのヒューマニズムに変わったんですよ。

幽界《ゆうかい》を忘れた神道

法主　私が今、こうやってるのも知識から入ってきたのと違いますからね。こうして話を聞いているとうなずけるんですね。私がこういう心境で、こういうことをするというのは、全部現界以外の世界との交流によって、私自身の動きがあるんですがね。そういう話を聞いていると整理できます。私はどうも、そんな話は無関心の方だし、あまり平田篤胤や偉い人の学説も読んでないし、まあ、あんな人達は研究して、そこから結論出しとるんだろうしね。私の場合は子供のころからの霊界との交流があります。

自分は今日まで実感を通して捉えてきてるので、そういうものを通して話を聞いているとよく分かります。その代わりこれから何をせんならんかという事もよう分かります。

梅原　だから、そういう霊界というものについての真面目な考え方が、明治以後の神道にはないですね。

法主　それはありませんね。神主さんにしても、神道関係の人にしても、霊界を信じている人は殆どいませんね。

梅原　篤胤まではまだ残っているんですがね。彼はあらわな世界と幽冥界《ゆうめいかい》と二つに分けて、幽冥界にポイントをおいています。

それで私は伊勢信仰と出雲信仰に分けて、出雲信仰にポイントをおいています。それは霊魂の通じあう世界で、篤胤はそこに相当のウエイトがあるんですよ。ところが篤胤の後継者には、それが欠けているんです。

そういう神秘的なものの否定という形できて、何か人間の精神というものをせばめてきた。宇宙に通じる命の霊妙不可思議さというものについての感覚がゼロになってきてしまったんですよ。

法主　そうなったら歪《ゆが》んできますね。

梅原　そこにものすごい神道の悲劇があったと思うのです。国家神道になったと同時にね。

霊というものの体験が私にはないから分からんけど、私達の命というのは、ずうっとアメーバから変わってきたんでしょ、こりゃ大変なものですよ。曰《いわ》く言い難い何かがあると思いますね。

編集部　人間の精神をレンズとして説明する人もありますが……。

法主　意識として説明すればね。

梅原　意識だけではっきりしないね、何かがあるような気がするんですよ。平田篤胤の中にも近代人が見て信じられないような事が書いてあるわけですよ。天狗にさらわれたとかね、そういう部分は全部脱落するわけです。脱落して合理的になったけど、同時に平田篤胤に最後に残ってる霊魂との共感みたいなものも消えてしまって、明治以後の神道にはもう影も形もなく、あるとすれば天皇への共感だけだなあ。

現代人と霊

法主　霊界のことだけは、ある程度体験せんことには分からんですからね。私の場合、自分で意識しないときに、奇妙な現象がよくあるんですね。

たとえばある信人の家で、盆に入れたお菓子が勝手に動き出してピラミッドの形をつくった。それを手でこわしたら、またひとりでにチョッチョッと動いてピラミッドの形につみ上がったりね。あるときは、コップのフタがスーッと天井に昇って、またもとのコップにフタしたりね。こっちとすれば、何も考えてはないのにね。

私もそういうことで、説明は出来ませんがね、何か人間以外の力というか、霊魂の力というか、自然の力というか、人間の念の力というか、どういうか知らんけど、とにかくそうした奇妙なことがよく起こりますね。そやから大倭の先生は魔術師やの、手品師やなんてこと言われましたよ。私にしてみたら、そういう事は研究しようやの、疑うやの、信じるやのというような事じゃなく、当たり前のような気がしてね。けど、まあ、神道の人が霊魂や霊を問題にせんようになったのは具合が悪いですなあ。

梅原　具合悪いです。

法主　私自身もね、そんな世界がないのなら、極力否定したい方なんですがね、否定しきれませんからね。どうしても肯定せざるを得ないですよ。

今、そういうものをある程度信じているという階級は、宗教の世界から見たら一番低級だと思いますけど、拝み屋さんとか、神憑《かみがか》りとか、今も生駒山《いこまやま》に大勢いますけど、ああいう人達はある程度、霊界とか霊というものを信じていますね。しかし、勉強してる人で信じてる人は殆どいませんね。

梅原　ただ私は、拝み屋さんの信じているように信じよというのは、現代では無理だと思います。

人間の心というのは、単に意識を映す鏡であるのか、それにプラス欲望だけで人間が成り立っているのか？　ということですよ。あるいは人間の中に魂というようなものがあって、宇宙の生命と何らかのつながりをもっているんじゃないだろうか、そして宇宙の生命というのは、簡単に近代科学で理解出来ないんじゃないだろうかと、そう思いますね。

そういう理解できないものについてはね、我々は正直に畏敬の念を持つ必要があるんじゃなかろうかと思うんです。というような事が現代人には必要な事だと思いますね。
人間は傲慢《ごうまん》でね、何でも出来ると思ってるんですよ。だから原爆つくりよったりね、何でも持っとると思ったら、何するか分からんですからなあ。もうちょっと宇宙の生命に畏敬の念を持ってね、人間の命を大事にする必要があるんじゃないですかね。イデオロギーのためには、人類の何分の一かは殺してもちっともかまわんというのはどうもね……。
やっぱり宇宙の生命に対する畏敬の念を教えるのは、神道の中に大きな可能性があると思いますね。

編集部　まあ、そういう生命への畏敬の念を含めて神道にのっとって説いていく場合、仏教には形としての仏像があるように、神道における宗教心というふうな問題についてはどうでしょうか。

梅原　神道で形というのは、跡形みたいなものですね。人間の形をとらない宗教の方が高等なのか、人間の形をとったのが高等なのかね、これを考えているんですがね。
宇宙の実在というのは、曰く言い難しでね。何も形をとらんというのが本当にいいんじゃないかという気もしますが……。

法主　たとえば千手観音《せんじゅかんのん》とか七面観世音《しちめんかんぜおん》とかは、事実ならバケモノですが、あれは理をあらわしているのですからね。

浄の価値を中心に

梅原　山なら山そのものに宇宙の力＝神があるようなね、山だけを神とした方が自然だと思うなあ。神道で神社をつくるのはもう堕落ですからね、仏教で仏像ができるのはもう堕落だしね。

編集部　梅原先生が以前、清浄感と言われましたね。そういうものが日本の神道的なものにあるということですか。

梅原　ある。それで私は神道を理論づける場合、二つあると思う。一つは存在論として、宇宙の命と一体なものとして人間の命を考える。もう一つは価値論なんですよ。この二つやらんとね。創価学会は二つとも持ってますからね。

価値論をやる場合、真、善、美という価値の他に浄という価値があってね。それがまあ神道の中心的な価値でね。祝詞《のりと》などを読むと、一切の穢《けが》れを祓《はら》って浄に転化すれば、初めて神さんはいうことを聞いてくれる。すべて好運の方へ運命がひっくり返る。つまり、どこかに不幸から幸への切り返しのポイントがありましてね、キリスト教なんかは、善でポイントを切り返すわけです。悪をザンゲして善になることによって神があるという風にね。

日本では、穢れと浄であると思うんですよ。浄の世界観が神道の世界観だと思います。それはキリスト的なものでなく、美的な世界観だと思う。と同時にね、自然崇拝みたいなものがある。

創価学会では、それが善一元論になり、善だけでだいたいやっていると思う。どんな人間でも創価学会に入れば偉いんだよ、そこで優越感を持てるんだな。そこで劣等感が優越感にひっくり返るわけだね。その価値論が創価学会の魅力だと思うなあ。それをだいたい善でやる。だから善というのはずいぶんアッカマシイ価値でね。

善の価値を今の世の中で考えてみれば分かる。たとえば、アメリカでもベトナムでの行為を善と信じている、と同時に、中国の方も善だと信じている。そこで善の価値が対立して世界を悲惨の中におとしいれている。

善というのは排他的な価値だと思うんですよ。それに対して浄という価値は、何でも受け入れる抱擁力《ほうようりょく》みたいな価値ですね。

神道も存在論と価値論の二本立てで理論体系を構成する必要があるなあ。

編集部　価値論の中に罪についての考え方があるんですが、現代でも善と悪、この悪と罪は切り離されないものとしてあるようですが。

法主　現代人の考えるツミというのと古代人の考えてるツミというのとはずいぶん違いますね。

梅原　どういうふうに違うのですか。

法主　ちょっと話はまたおかしくはなりますが、私は霊界で古代の人とよく会うんです。古代人のツミということに対する感覚はね、つつみかくすということですね。たとえばね、人を殺すとか、人のものを盗むとかいうような犯罪のことでなく、秘密を持つとか、つつみ隠すことが、今の感覚で善であろうと悪であろうと、そういうものをすべてツミと言ったんですね。公明正大な明けっ放しの裸でいくというのがツミの消えた心境ですね。だから昔の人なら人を殺しても私が殺しましたと言えば、ツミがなくなったというような解釈ですなあ、今なら大変でしょうけどね。けど、古代の人なら私欲のために人を殺すようなこともなかっただろうしね。自然と一体観を持っとったし、逆に自然の方を主体として、人間は自然から湧いてきた、自然が先で人間は後なんだと、だから自然についていくような心境ですわね。

思想家の任務

梅原　私も理論的に考えてみて、本で読んだかぎりではそうですね。

法主　だからものすごく自然に対して、敬意をあらわしていますね。土の上で火をたくにしても、その土地に対して祓《はらい》とか、言葉をかけてやってますね、霊界の古代人は。今日の地鎮祭《ちちんさい》なんかその流れをくんでいるんですね。仏教のお寺を建てる時でも、みなそういう行事をやったらしいね。たとえば、東大寺の建立《こんりゅう》にしても八幡さんをお祀《まつ》りして、産土神《うぶすなのかみ》とか名称はどうでもいいが、その土地にある気というものを鎮《しず》めてから寺の建立にかかったわな。

梅原　つまり、浄なる価値の中に真、善、美の三つの価値が含まれているのですね。「嘘をつかない真」ということは、真理という価値の代用品なんですよ。ヨーロッパの真理とちょっと違いますがね、それはやっぱり浄なる価値に入るわけですよ。

　そういう真、善、美を加えたような価値が必要なんでね、善という価値だと他の価値が排除されるんじゃないかと思いますね。善という価値が固まってきてね、他のものを圧迫するとこりゃ大変危いことですからね。

　浄という価値の中に全部が含まれているという考え方、ここを考えていくことが大切ですね。

　神道が仏教の中に生きつづけてきたということがありましたが、仏教でも浄土教があるし、不動尊の行事でも清浄潔白という浄の価値がね、何か基底になって仏教の中にも生きつづけてきたのではないか、というのが私の仮説です。

　その意味で神道は仏教の中に生きつづけてきたのではないですかね。だから本居宣長になると、そういうところは解釈しなかったけれど、実は日本で生きつづけて来たんだと。つまり、古代だけよかったんではなしに、ずっと形を変えて生き続けて来たと思いますね。

　現代では仏教、仏法を説くのも大事だが、同時に日本の姿というものをもう一回、見直さなければならない。日本の基本的な世界観とは何か、それはやっぱり過去の神道を通じて、日本的世界観を問うべきです。もうこれに意味がなかったら、あまり日本の伝統から学ぶものはないね。

つまりね、ヨーロッパの思想がオール・マイティならもういいんです。ところがどうもオール・マイティでないような気がする。ベトナムでやってることは、ヨーロッパの思想が正しかったらベトナムでやってることも正しい、ベトナムでやってることが正しくなかったらヨーロッパの思想に正しくないところがあると解釈したら自然だと思う。

マルクス主義ということについても、果して中国共産党のやってることが全面的に認められるかどうか、ああいうのは今正しく見えても、いったん戦争を起こしたらどういうことになるか考えたらオール・マイティじゃない。伝統の中から何か一つ探さねばならないとすれば、神道みたいなものが日本の切り札のようなものですからね。そこを検討する事が次の思想家の任務ということになると思うんですよ。

正しい理論の神道を残していく必要がある。やっぱり危いですね、創価学会があれだけ進歩してくると。こんな排他性の強い宗教はないでしょう。清浄潔白ですべてを受け入れたのが、日本の心でしょう。それが創価学会には一番欠除しているなあ。日本の宗教の一番いいとこを否定している宗派ですね。これは大変危いですよ。

大倭教もがんばってもらわないとね。

法主　私は霊界人と一緒でしょ、自分の思いのままにというわけにはいかんしね。

梅原　しかし、まあ霊界にも頼んで、何とかするように頼んで下さいよ、梅原が言っとったとね。（笑）

法主　しかしまあ霊界は神ながらですからね。

梅原　やっぱり、マガツミの神がはびこっとるわけでしょう、ナオビの神が出てこないと具合が悪いですよ。

法主　そのうち出てくるでしょう。

梅原　他人事じゃないですよ。（笑）

やはり人間にとって宗教は大事なんだと、人間にとって世界観の根底というものを規定してるんだと。だからマルクス主義とヨーロッパのヒューマニズムで現代の思想を解決できない事を教えた点は、創価学会は大変いい面を持ってるんですよ。しかしあの宗教そのものは、日本の宗教の良さを持ってないですね。排他性の強い、清浄潔白でないきたなき心ですよ。こんなことというと怒られるけど。

集団を頼む宗教というのは、あまり好きじゃないね。数でしか持てない信仰なんてのは、さびしいですよ。

編集部　創価学会は折伏《しゃくぶく》教典を出した、あれは宗教界にとって大きな刺激だと思いますが……。

梅原　あれだけの理論的に高い折伏教典は、他の宗派、教団、新興宗教でもちょっと対抗できないと思うなあ。ヤマギシ会なんか無手勝流でしょう、勝負にならんわな。近代的装備を持ってますからね。対抗していくには、一つの理論を持っていかんとダメでしょうな。

日本の役割

編集部　それでは、日本だけではなく世界情勢の中での日本の役割というか、そういうことについて……。

梅原　マルクス主義と平和、果してマルクス主義が本当の平和かね。世界観として疑問なところがずいぶんあると思う。そうじゃなくて、こちらの方が本当の平和を尊ぶ精神であるということをね、はっきりさせていく。

これは長い間の理論活動でできると思うなあ。そして国際情勢もそういうものを要求せざるを得ないときがくるんじゃないですか。

お前達の世界観はみなヨーロッパの世界観だけど、俺達の方がむしろ根元的な世界観だという形をとってね。社会党あたりに筋金を入れなきゃならん時代がくると思うんですよ。

こりゃ遠大な理想ですよ。しかしね、創価学会だってあんな力を持つようになったんですから、それと同じ事だって起こりうるんですよ。十年たてばどんな事が起こるか分からんです。それはそれで確信もっていかなけりゃね。

法主　私の方は昭和四十年は「言向け矢はす」ときらしいから、書いたり、しゃべったり、出ていったりせにゃならんでしょう。

私にしたら創価学会であろうと何であろうと非常に結構やなあ、と喜んでます。

秋になったら松茸はえてくるでしょう、そしたら、くさり松茸、毒松茸の方が数多いもんね。その中で人間の喜ぶ松茸の方は数はわずかやろ。だからニセでも本ものでもええ、そういうものが出てくる時期が必要なんですなあ。

創価学会も伸びてくれて喜んでいる、わしは。今の時代に必要やからこそあそこまで伸びたんやろしな、必要なかったらあそこまで伸びるもんやない。わしらに言わしたら神意が許さんというとこやな。伸ばせへん、必要なかったら、自然は。……そやから、あれはあれで伸びるだけ、伸びたらいい。

仮に、あれがお月さんや星の存在であったとしたらね、こっちからお日さん出てきたら勝手に闘争せんかて消えていきよるわな、大倭が何になるかは知りませんがね。

梅原　こりゃ、どうもぼくの方がヨーロッパ的だなあ。(笑)

法主　けど、霊界はそういう示し方してくれるんです。たとえば、今の宗教たくさんあるでしょう、星がたくさん出てる相を見せてくれたりね。そこでもって太陽が出てきたら、自から姿消しますす、対立闘争やなしに。

そういうような相を私に見せてくれるんや。そやから、私もその気持になってしまいます。そしたら創価学会がいくら伸びても、ああ結構やな、という気で見られます。

何でも、清濁《せいだく》あわせのむ、これが私のいき方です。

梅原　それが、むしろ神道的でしょうね、理論からいえば。

法主　私の場合、大倭教の教理は何ですかと聞かれたら、ここの紫陽花邑《あじさいむら》の一体生活の実体を見てくれ、というて逃げます。ここが、大倭の教理をそのまま実体化したとこやからね。

梅原　だからここの邑にいる人を信者とするだけでなしにね、在家仏教みたいに、家にあってそういう教理にそうた人をつくっていかにゃならんでしょう。

これからは、外に出ていく時期でしょうね。そのためには、教理の集成をここ十年位でやらんならんのと違いますか。そういう教典をつくる時期がきてるのと違うかなあ。

編集部　これからの宗教に対してどう考えますか?

梅原　宗教は世界観の根底ですから、根本的なものを持って世界を見直す時代が来ている。その意味でいうと、毒松茸といわれたけど、創価学会が圧迫してきているとき、新しい宗教が見直されようとしている。伝統の意味、神道の意味を見直すべきだと思いますよ。

戦後失われたものの一つに、日本への愛情がある。今の政治がどんなに批判されようとも、やはり本来の日本への愛情は育てていく必要があるし、ヨーロッパの思想にない萌芽がある。日本にはその可能性がある。
今までのヨーロッパの思想が御破算《ごわさん》になって来ている。そういう意味で、日本的なものを、見直していくことは大事ですね。日本の民衆は迷っていると思う。

法主 それが今の大きな問題やな。

梅原 おぼれるものはワラをも把《つか》むですからね。沈む可能性のある創価学会より、浮く可能性のあるものを出さなきゃね。

法主 戦争中の神道は、もう一度焼き直す必要があるなあ。

梅原 やっぱり神道の自己批判なしには、神道は伸びていきませんでしょうな。

（昭和四十年七月二十九日）

わが思い出の記

『大倭新聞』第12号
昭和40年8月発行

私の気持

大倭教《おおやまと》の名のもとに歩み始めてから、本年の八月で満二十年になる。編集の方からこの過ぎにし歳月の年鑑を編成してほしいとの依頼を受けたので、私は過去の記録や日記の中から入念に史的感覚に基づいて拾い出していると、更にその作成中に浮かび上がる思い出の数々を書いてほしいと、柔《やわら》の法で迫ってきた。逃げるわけにはゆかないので考えてはみたが、私の過去の一切はその一つ一つがこれ総《すべ》て思い出になっている。ちょっと困ったが、今もなお心の奥深くに残っている印象を書き連ねることにした。

世間の人々は大倭といえば反射的に矢追日聖《やおいにっしょう》という。勿論《もちろん》私は大倭の主軸の位置にあるし、人体でいえば顔のようなものであるから人々は当然のことと思われるかも知れないのだが、私には清々《すがすが》しい響きではない。

人は誰でもまず顔だけを見て誰彼という。面《つら》の皮は誰からも見られるから常に美しく磨《みが》いているが、人目につかない所は案外お粗末に扱う癖があるようだ。面の皮も尻の皮も足の皮も、各々部分を守ることによって全体の健康が保つように仕組まれているから、私にはどれも平等の尊さをもっている。顔の皮も、じめじめした口の中の皮も、体重をささえても破れない足の皮も、誠に有難い。このお役目だけは簡単に交代するわけにはゆかない。

大倭といえば矢追日聖と人はいう。人様からこの声を聞く度に私は思わず「済まない」とひそかに声なく叫ぶ。泥まみれになって大倭をここまで築き上げ、私の手足となってついてきた大倭の家の子達を想うにつけ、心の中で手を合わせ「許してくれ」と詫びたくなるのが偽らない私の気持である。昭和二十五年、妻や子供を亡くした時でさえ一滴の涙すら見せない私ではあるが、家の子達の労苦を考えずに私だけが持ち上げられた時だけは、忍ばすことのできない嗚咽《おえつ》に襲われるのである。

二十年を振り返って観たとき、私個人が体験した神《かん》ながらの法は、金銭や智識では到底およびもつかない人生の一大収穫となった。

「時」がどれ程大切なものか、時至れば必要なものは求めずとも来るものと、若き頃霊界から示されたものだが、そして無計画の中に計画があり、無秩序の中に真の秩序があり、更に無統制の中に真の統制があるという真の意味が、大倭の大家族的集団生活体の流転《るてん》の中に、その神意が脈々として生きていることを知る。神意の裏付けが私の一切の行動であったといえるのである。今ここで具体的に立証することは難しいが、近き将来には大倭の若人達の手によって必ずまとめられる日のあることだけは明白であろうと思う。

共に歩む

青山富雄（日元）という男が中河内《なかかわち》の堅下《かたしも》に生まれていた。どんな宿縁あったのか分からないが、大倭教の草創期に男女関係より更に更に深い契りを秘めて、三十四歳の男ざかりに鴛鴦《おしどり》のような夫婦仲を血涙《けつるい》の思いで断ち切り、子供を分けあって私の懐ろに飛込んできた。二十二年の正月の六日であった。神意、来る者をして拒まず、ああ無情、宿命の冷酷さよ‼ 私はわが股裂《またざ》きの責苦《せめく》を耐え忍び、断末魔がかもす痛恨の思いで彼を迎えたのであった。入門した頃はしばしば放心状態で彼は松の梢《こずえ》を見上げている時もあった。彼を案じて共に家の子となった神野主計《じんのかずえ》に喝《かつ》を入れられていたのも昨日のように近い。この年の八月、彼の娘である良《よし》（十歳）と節子（八歳）の二人を大倭へ連れてきた頃から、どうやら彼に人間復帰の兆《きざ》しが見え始めてきた。近く宗教活動の拠点を大倭の現在地に定めよとの神示があったので、この夏、日元を荒廃していたこの地に移らせ、宮作りの準備をさせた。神野と二人神ながらに作業は進められていった。わが意志ではなく、家庭の破壊を演じた親達の悲劇の末路が、この二人の子供を父のもと、狸のなき声に眠りをさます大本宮《おおもとみや》の在りし日の山小屋に連れてきたのだ。胸の張り裂ける思いが今に残る。十月三十日、私は実家を弟隆義に一任して家族と共にここに遷《うつ》ったのである。荊棘《おどろ》の道は既に伏せられ待ちかまえていた。

昭和二十三年の四月に、紅顔の美青年、金泉利明（日紘《にっこう》、二十四歳）が大倭へ入門した。彼は情熱のかたまりといった香気を放つ男である。この頃、大本宮には「大倭ははの家」という子供だけの集団家庭があった。早速、彼はこの子供達の教監の役を買ってでた。その係は僅か一年余りの短期間ではあったが、実によくやってくれた。彼は子供達と起居を共にし、お風呂のときは一人一人を洗い流し、小学校の登校下校のときもいっしょについて歩く。寒中でも彼は剣道の稽古着一枚に袴《はかま》をつけて子供達を励ましていた。

家麻呂《いえまろ》（十二歳）、輸孺美《すずみ》（十三歳）、美寿紀《みずき》（十歳）、良（十二歳）、節子（十歳）、健《たけし》（九歳）、康治《こうじ》（八歳）等、いずれも彼の世話になった。

瞼《まぶた》にうかぶ顔

大倭を去ってからの彼は健康を損ねたらしく、入院したとも聞く。しかし今の私の胸の中には二十三、四年頃の彼のピチピチした像だけが焼き付いている。健《すこ》やかに成育したこれ等子供の姿を見るにつけ、彼の若かりし日の面影が彷彿《ほうふつ》と浮かぶ。五本の指が潰《つぶ》れるほど日紘の手を堅く握りしめた い思いは、昔も今も変わらない。

日紘の歌で当時を偲《しの》ぶ。

日の本の生命《いのち》つぎゆく愛《いと》し子ら
　ただすこやかにゆけと祈るも
溢れくる涙こぶしにおしぬくひ
　ただ一筋の道を歩むも
幼かる家の子らつれ橋上の
　伝道なかばに雨は降りつつ
生命つぐ愛し子らをばいだきしめ
　い寝ば悲しも秋の夜の雨
この胸の燃ゆる思ひを愛し子も
　継ぎてゆかましただ一筋に
声はしばかれ血を吐く思ひに叫ぶなる
　この胸の中《うち》人は知らずや
日の本は泣いているぞよ日の本は
　泣いているぞよああ日の本は

或る日のことであった。書斎を片付けていると茶色になった紙片が出てきた。見るとそこには今は亡き愛妻妙月《みょうげつ》（本名静枝、昭和二十五年九月六日、三十七歳で帰幽《きゆう》）が記した歌詩であり、昭和二十三年九月との走り書きがあった。

やすらけく
眠りに入れる子等ながめ
わが日の本の行く先は
明けゆく空のその如く
たのしみ多きことぞかし

いさぎよく
いで行く子等の影うすれ
歌声かすむ山越に
祈るや道の倖せを
なぜか悲しきわが心
濡《ぬら》すや朝のひと時雨《しぐれ》

ゆくりなく春蘭の花見つけてぞ
　われほほえみぬ時の歩みに

回顧すれば妙月は健康には勝れなかったので、昼なお暗き屋根裏の片隅にて独り子供等の衣類のつづくりなど、子供の身の廻りの世話をしていた。寒くなればと思ってこの地に遷るとき持ってきたラクダの一枚毛布を細かく切って、子供等の足袋《たび》を作ってくれたことが今も嬉しい記憶の一つである。毎朝子供等が元気よく「黎明大倭《れいめい》」を斉唱しながら天王山《てんのうやま》の峠を越えて登校する姿が見えなくなるまで、妙月が外に出て見送っていた姿が、いまだ脳裏に焼き付いて離れない。よくこの貧困生活に命の限り耐えてくれたよき妻だった。惜しんでもなお余りある。

昭和二十四年は百花《ひゃっか》咲き狂うような多色彩調和の年となった。夏頃は四十余人に一門は膨れ上がった。その三分の二がぶら下がり組で、ぐうだらな日暮らし待衛門《まちえもん》達であった。こうした状況の中で、八月一日から毎日近鉄生駒《いこま》駅頭に立って、戦災孤児、浮浪児の救済をゆきずりの人々に一人で訴え叫び続け、日焼けのために何回か顔の皮をむいた鈴月《れいげつ》（三十一歳）とは面白い対照となった。

縁の下の力

思い出多い人々の中で、大阪の森下新蔵氏とその家族がある。大国町の市営住宅に入っていた。彼の本職は粟《あわ》おこしの製造であるが、戦時体制は彼を近くの鉄工所で働くサラリーマンにした。男子一人女子四人の幼子《おさなご》を抱えているので、生計をささえるには奥さんの編物が大いに役立っていた。私は月のうちの半数以上は大阪方面の家庭に参ったのであるが、彼はどんな事情があっても都合をつけて、終日私に随行し案内してくれた。家庭の実情から見れば決して凡人ではできる行為ではない。森下夫妻に対して、私は正しく神の変化《へんげ》のような尊さを感じるのである。今でも月に一度は必ず南海住之江駅の西角、飲食店「むつみ」を経営している彼の宅を訪れることにしている。藪入《やぶい》りのような気持ちで……。

これとよく似た人が奈良の方にもいる。大和郡山市《やまとこおりやま》今国府《いまごう》の今井冨蔵氏である。彼はかつて昭和村の村会議長をつとめたこともあり、奈良県下において福祉畑では三羽烏と威名《いみょう》をとっただけあって、顔見知りの多いのには驚くばかり。その彼が、いかれた姿をした神様（私）を自転車の尻に乗せて白昼村中を走るのだから普通ではない。「今井もとうとう頭に来たわいのー」と、村人達が後ろ指をさして嘲《あざけ》る声が私にも聞こえる。つらかった。この思いはいつかは徳となって彼の一族に注がれることを信ずればこそ、涼しい顔で甘んずることができたと思う。最終電車ギリギリの夜更けの田舎道、平端《ひらはた》のおのれ坂を彼は尻を上げてペタルを踏む。いきせきの響きは、尼ヶ辻から徒歩で帰る耳許《みみもと》でいつまでも残っていた。星霜《せいそう》は移りて十余年、この人が現職の大倭安宿苑《おおやまとあすかえん》の苑長である。

このようにして私は毎日外に出ていた。信人との約束があるので、一日たりとも病む暇がない。鈴月は田畑の世話を子供を頼りに一人でやりながらも、外出の日が多かった。大本宮では、精薄の坂本清（四十三歳）と精神分裂の河瀬正子（二十九歳）といった大人二人きり、十三歳の輸孺美を頭に以下子供ばかりであった。中でも良（十二歳）が盛賢《もりかた》（三歳）と志津女《しづめ》（五歳）を子守りしながら、主婦の代わりをつとめてくれた。やむなく中学校は休む日が多かった。子供達は下校の山越えの道で必ずめいめい枯れ枝（薪《まき》）を拾って帰宅し、良を助けた。米櫃《こめびつ》の底が見えれば鈴月は闇米を買ってそっと入れておく。鈴のような声をはりあげて雀躍《じゃくやく》として喜ぶ無邪気な良の笑顔が、未だ忘れることができない。今は一男三女をもうけた母親になっているが、物憂き顔でも見ようものなら無心に私は眼頭が曇ってくる。毎日明るい顔で暮らしてほしい。

八月十一日（旧七月十五日）、東光大祭が近づいてきた。家の子達は梅雨明けの斎庭《さにわ》に茂る草を刈っている。もし今、あの牛がいたならばと、瞳を濡らす昨今である。

（昭和四十年八月四日）

あしあとをきざむ

『大倭新聞』第13号
昭和40年9月発行

はじめに

八月という月は、大倭教《おおやまと》にしても、私個人にとっても、不可思議な縁がある。昭和二十一年八月十二日（旧七月十五日）は、かつて大倭教の真実性を神が天に瑞祥《ずいしょう》を現わして証明した意義深い日の祭りである。また八月十五日は誰も知る、日本が大東亜戦争に敗れた記念日である。そしてこの時（昭和二十年八月十五日）大倭教は神命降下によって旗印をかかげ、立教開宣したのであった。あれから満二十年になる。敗戦後の日本と大倭教は同じ歩幅で同じ道を今日まで手をつないで歩いてきたともいえる。

この日、私は十数人の大倭の家の子と大倭神宮へ車を連ねて参詣《さんけい》したのである。真夏の太陽は強く照りつけ、神域は木蔭《こかげ》をくっきり描き出して、ことのほか明るく輝いていた。礼拝を始めると胸がつまり、声も出ない。こみあげてくる嗚咽《おえつ》は抑えることができなくなり、ふんばっていた足がぐらついてくる。フラフラと蹲《うずくま》って前の石に手をついた。肩は大きく波を打ち、ポトポトと大粒の涙が地上に落ちた。背後で誰かの唸《うな》るような息吹きが聞こえてくる。兎がはねたように飛び出し、私の右後ろに土下座して声を出して泣きじゃくる女性の姿もあった。このとき私は敗戦の日この聖地に沈めた涙の上に、更に二十年の流転《るてん》を秘めた新たな涙を惜しげなく注いだのである。

霊界には、正座《しょうざ》に明治天皇がお出ましになって、人間天皇の感情で落とす涙に応えるかのように、懇《ねんご》ろなねぎらいの言葉を私に賜り、また将来のことを託された。そのあと「君が代」を斉唱してお別れしたのである。

私は明治四十四年にこの神域にて誕生した。この年の一月には、大逆《たいぎゃく》事件の名のもとに幸徳秋水ら十二名の死刑が執行された。なぜ私はこの年にこの地で産声《うぶごえ》をあげたのか？　神ならぬ人間では誰も知る由がないのであるが、この時すでに今の世で宗教をもって立つべき前世からの約束があったことだけは、はっきりと言えるのである。生まれてから敗戦までの私が経た三十五年間の神秘的な事象の数々は、そう簡単に説明することはできないから、またの機会にゆずることにして、ここでは、敗戦後からの大倭の流れに主軸をおいて、その流れの奥にあるものを汲みとってみたいと思うのである。

自然の動き、人間の動き

ここでいう流れの意味は、神のまにまに流転することをさしていて、あたかもそれは東へ東へと一直線に流れていけば、やがて西から出発の位置に戻ってくる、といった無始無終の動的転化をいうと言っておこう。

大きくいえば、宇宙創成の気から発して、無量時間の経過の末はやがて出発時の気に還元するはずの動きのことである。そしてその大きな流動の中に、同じ原理に基づいて無数の流動が起こっている。また小さくいえば、一人の人間においても同じである。人間の生涯においても、一年の中にも、一ケ月の中にも、また一日の中にも、更には現在の瞬間においてもその流動は止むことがない。勿論《もちろん》、これは単に人間だけではなく、現象界に実在する森羅万象《しんらばんしょう》のことごとくが、そうだといえるのである。

どうも説明がまずいのでわかりにくいと思うが、この辺は専門の哲学者におまかせするのが利口かも知れない。

地球上に生まれてきた多くの人々は、その人それぞれに神（宇宙が包蔵する多岐多様な気）からの命《ミコト》すなわちお役目をいただいている。言わば、人類破滅を目的とする者、建設に精進《しょうじん》する者、ことの善悪によらず闘争に明け暮れする者、権力財力を至上として渡世する者、社会福祉あるいは教育に生命をかける者、権力者有能者の蔭に巣喰って寄生虫のような生き方をする者、子孫だけを残して死んでいく者、単なる製糞機械で終わる者、挙げれば切りのないことである。こうした者達が、渾然《こんぜん》一体となった姿が社会の実体のようで、このどれもが尊い一面をもっているから、健康か否かは知らないが社会は死なずに生きているといえるのである。

この縮図は、個人の身体《からだ》においても見ることができる。

命《ミコト》もちて立つ

『大倭新聞』第二号「和の光、ここにあり」の文中（本書26P）に、
「この大自然、『神《かん》ながら』の動き、過去二十年の日聖《にっしょう》の歩み、正に味の世界であった」
と記しておいた。今大倭の流れを説明するにあたって、敗戦の日にうけた恐懼《きょうく》の一つは、時すでに二十年前に示された神託の神秘性であったからである。

昭和二年の春、私（十七歳）は中学三年から四年に進級する時であった。四月のある日の朝、私の人生を左右するような重大な祖神《みおや》からの霊示があった。私は驚き、否定もした。宗教で立つなんて真平《まっぴら》であると反駁《はんばく》した。この時の霊示は自分が信じられない誇大妄想《こだいもうそう》だったので親達にも話していなかった。それというのは……

「今から二十年たてば、天皇は地に落ち、世は乱れて光なし、人々は神意に逆らうために、天災地変が起こってくる。

この時に汝は『神ながらの法』を説いて立て。

汝は神議《かみはか》りによって、時を見て人界に天降《あまくだ》りたる使命の人であることを自覚せよ」

当時の人々の心の中に、こんな大戦が起こり、日本が敗けるなんておよそ想像も及ばないことだ

ったから、私は精神分裂ではなかろうか、とひそかに疑惑と恐怖を抱いたのも無理からぬことであった。もしこれが、母が受けた御神託なれば別に問題にしなかったのであるが、自身が入神状態においての啓示だったから、当時の社会通念では門外不出の絶対他言できない内容だったので、それだけに青春の苦悶《くもん》は、変わった意味において深刻だったわけである。

私は中学五年を卒業さえすれば、実業界に飛び込み、家の経済を建て直して、昔日《せきじつ》の姿に戻すのが、親に対し、先祖に対する最善と心得ていたし、学校は商業だったから、両親も大いに期待していたのであった。ここで更に私の方向を迷わしたのが、霊界にある日蓮との初対面だった。

日蓮は、先の霊示に拍車をかけてくれる。そして「行、学の二道」を励めという。私はあくまで否認したが、とうとう抗し切れなかったので、あれこれと考えたすえ、日蓮宗から立っているという立正大学の予科へ行くことに決めた。

何度かためらったあげく、思いきって東京へ勉強に行きたいと両親に相談した。親たちは青天の霹靂《へきれき》といった様相をしたが、苦しい家計であったにもかかわらず、笑って快諾してくれた。この親心が、魂の底に焼き付いてからというものは、何かを究めなければと、意欲にもえて予科に入学したのである。昭和三年の四月、私は十八歳であった。

敗戦後の日本

敗戦の日、大倭神宮に額《ぬか》ずいたとき、この若き日の霊示が反射的に浮かび出た。この霊示が、どうか私の妄想であればよいと、永年心の底に沈めていたのだったが、とうとう現実となった。来るべきものがやって来た。ここではっきり肚《はら》を据えて、神意を素直に全面的に受け入れる私が生まれたのである。私は神のまにまに精進することを誓った。誓うというより、私はやらねばならない唯一の存在なんだ、やるんだ、否、やれるんだ、という自覚の確立だったのである。

ところがこの日、大倭の本質的宗教としての活動は、更に二十年先であると言われた。五十五歳という年齢が頭をかすめる。法華経にある化城喩品《けじょうゆほん》（第七）を思い出して苦笑した。

昭和二年から敗戦の年までは、私個人の人づくりであったようだ。これに加えて、昭和二十年から同四十年までは、内向的活動、つまり大倭教の基礎工事にあてられたようである。

夢のようにあわただしい年は明けて二十一年を迎えた。元旦には天皇は神格を否定し、人間天皇を宣言されるという前代未聞の珍現象が現われ、前年九月枕崎台風で、死者行方不明四千七百余人を出すという天災に続いて、この年十二月には、南海大地震、死者千人を超える大被害があった。

二十一年七月に宗教法人令によって、大倭教は法人登記を済ませたのである。

十二月四日、かつて和の光を放った金鵄発祥《きんしはっしょう》の記念祭に、街頭に立って「神ながらの法」を弘宣《こうせん》流布《るふ》せよと霊示があったので、明けて二十二年正月十九日、門弟数人を連れて、まず大阪の玄関口梅田駅前の雑踏の中に立った。これを手始めとして大阪各地へ日曜ごとに赴《おもむ》いたのである。

この年がかつての霊示から二十年目に当たっている。この二月、埼玉県では列車転覆《てんぷく》、買出客約千人死傷。四月に近鉄生駒《いこま》トンネル内で電車の火災、死傷百人。九月にキャサリン台風、死傷三千人、被災三十四万戸。神がかつて予言された世相そのままを実現したのには驚く外はなかったのである。

偶然か必然か、光明《こうみょう》皇后の宮宅と伝えてきた現在地を大倭教大本宮《おおもとみや》と定め宗教活動の拠点にせよとの指示によってここに遷《うつ》ったのが、同じ二十二年の十月三十日だったのである。ここで住まう家の子達の生活は、農耕一本で細々とささえられていた。「米よこせ」の声は全国各地で叫ばれていた。街頭宣布は、反面において真面目に働く大倭一門の喉《のど》をしめるような人々を拾う結果になった。飢餓《きが》は容赦なく日々の生活を襲いつつあった。

集団生活はじまる

大本宮に遷ったとき、親しく光明皇后と挨拶を交わし、家族の契りを結んだのである。私は皇后

の座（神社）を造ろうかと言えば、彼女は軽く辞退しながら、

「姫がかつて世に在った時の心を嗣《つ》いでほしい。

今日ある日をどんなに待ち侘《わ》びたことか、法主と一体の形で精進する」

といわれたので、事情の如何《いかん》をとわず、相手を選ばず、来る者をして大倭の一門に迎えたのである。

大倭の一つ財布に一つ釜といった大家族集団生活の源流は、こうしたところから自然発生を見たのであるが、これは単に光明皇后の意志だけによるのではなく、神ながらの社会の実体だったからである。

彼女が私に向かって紫陽花《あじさい》の花を示して「地下水の如く清く流れ、紫陽花の如く美しく咲け」と言われたので「紫陽花邑《あじさいむら》」と名づけたのである。

昭和二十三年、私は地元富雄村民生委員、児童委員の常務委員に選出されたので、村内一戸残さず生活の実態調査を始めた。生活保護法の適用はなっていなかった。社会の底辺にあって泣く「よそ者」も、かなり掘り出すことができた。二十六年までこの仕事をつづけたため、郡や県等、福祉関係の人々と親しく交流する機会を得た。

この年の後半の街頭布教は主として門弟達がやってくれた。

その理由の一つは、家の子の員数はふえる一方だったから、やむなく私は陣頭指揮をとり、真剣に朝星夕星をいただいて、牛の尻を叩くことによって、生活を維持しなければならなくなっていた。

保護家庭よりも、遥《はる》かに私の方が惨《みじ》めであった。こうした世俗の業の間をぬって、保護家庭の指導や、二十一年に本教所属法人として設立した数ケ所の教宮《きょうぐう》の所へも、教化伝導に繁々と足を運んだ。

十月、信人達の要求によって、本教機関紙『大倭』の創刊号を出したのである。この頃から信人の生活相談に応じたため、難病、奇病等むりやり情的に扱わなければならない実情になってきた。大本宮へ野山を越えて訪れてくる信人もちらほら現われた。腰を下ろして対談する世間並の家屋すらなかったので、田の畦《あぜ》に藁束《わらたば》を置き、野良着のままで話したのが、今も想い出の一つになっている。こうした大倭の実情の上に、更に二十四年度の複雑な事象が加わっていった。常人ならば、正に内憂外患《ないゆうがいかん》といったところであるが、私には神意の動きが分かっているだけに、宗教で立つ者への神の試練が、いかに峻烈《しゅんれつ》なものであるか、痛みを通して体得することができて有難く思った。食わなければ腹もへる、叩かれたら痛みを感じる私ではあるが、苦にはならなかった。鍬《くわ》を振るっているときはいつも流行歌を口ずさんでいた。「人生劇場」や「愛染《あいぜん》かつら」「影を慕いて」等は好きだった。

激動の二十四年

十一月十二日は神政復古の神示（本書44Ｐ）があり、日聖祭の日、十二月二十三日、Ａ級戦犯東条英機ら七人に、絞首刑が執行されたのであった。

昭和二十四年の元旦に、国旗「日の丸」の使用が許可され、一月二十六日、世界最古の木造建築物といわれる法隆寺金堂が、壁画の模写の不注意から惜しくも炎上した。

斑鳩《いかるが》のみ寺火つけりみ仏の
　忿怒《ふんぬ》の姿さながらにして

続いて三鷹、下山、松川等の怪事件があった。

この年の七月ごろから、暇を見ては瑞光庵《ずいこうあん》（私宅）の建築にとりかかった。僅か四坪。杉皮葺《すぎかわぶき》、近くに生えていた松の丸太を柱として埋め立てる。杉皮や板類は農作物を闇売りした金で求めた。鈴月《れいげつ》は、あやめ池まで山坂をただ一人で日に二、三回も「かつぎ屋」を強行し、大阪で売りさばいてくれた。十月三十日は、私達がこの大本宮に遷った記念日だったので、なることなら月は違っても同じこの日に庵へ転居するつもりで、ぼつぼつ家の子達とともに仕事を進めていった。ところが意外な事件が勃発《ぼっぱつ》した。その前日にあたる二十九日の明け方であった。家の子全員の住居《すまい》は、全焼したのである。一粒の米すらもない。名実とも裸でほうりだされた。悲惨というものを通り越して笑いがでてきた。焼けるものは惜しげなく灰にして、すかさずこれにかわる次の建設に総動員したのである。炎々と夜明けの空を紅《くれない》に染め、勢いよく舞い上がる飛龍《ひりゅう》にふさわしい焔《ほのお》を眺めながら、庵の仕事に取りかかった。槌《つち》の響きは生まれ変わり脱皮する大倭の暁《あかつき》を告げるように、神奈備《かんなび》の杜《もり》にこだましたのである。

あいにく、この日の午後から雷鳴《らいめい》とどろく暴風雨が襲ってきた。大本宮は鳴りもの入りで祓《はら》い清められたのである。雫《しずく》したたる床板《ゆかいた》を未完成な庵に置き並べて、この夜は子供達とごろ寝の夢路を辿《たど》ったのであった。

私はただ一筋に神のまにまに歩んできたつもりが、現実は惰民《だみん》の養成に近かったので、心ある家の子の中には、これでよいのかと憤慨する者さえあった。神意だから心配するな、と慰めているうちに、この火災が神の裁きとして現われたようであった。妖雲はからりと晴れて、一から出発の機を造り給うたと言えるのである。この事件があってから、家の子はそろそろと腰を上げて山を下っていくようになった。「去る者を引き止めるな」との神意だったので、笑顔で送り、時には行先の世話まで引き受けて善処したこともあった。

ランプ生活と別れる

昭和二十五年は、私は個人家庭の教化指導に重点をおいて動くようになった。四月に熱海市で千五百戸を全焼し、七月には国宝金閣寺が放火の厄《やく》にあって焼失した。九月三日、死者百十三人、全壊家屋六千戸という被害を及ぼしたジェーン台風は、同じ勢いでこの掘立小屋をも襲ったのである。瞬間、異様なうなりと同時に、釘付けではめてあった庵の硝子障子が勢いに乗り風雨とともに、産後の病床で横たわっていた私の妻の上へ、いやというほど叩きつけた。この夜痙攣《けいれん》の発作が始まり、六日午後十一時、妻妙月《みょうげつ》は三十七歳で他界したのである。

二十四年の後半、瑞光庵に入った頃から、二十五年もすぎ、二十六年ともなれば信人の数は激増の一途《いっと》を辿ってきた。これらの信人の殆《ほとん》どは現世利益《りやく》のみを望む人々の集いだったので、私には有難くない現象だった。いかに修行とはいえ、四十五日を一月でかけ廻る忙しさには弱った。大倭神宮へ詣る十五日と、二十三日の月次祭《つきなみさい》、ほか特別祭典だけは大本宮にいたが、そのほかの日は全部先約があって休めない。この約束だけは一度も破ったことはなかった。お蔭で一日も病まなかったのが奇蹟に近かったぐらいである。昭和二十七年の六月、信人の有志が杉皮葺、埋立柱、僅か十坪の板張りの簡素な集会所を建ててくれた。信人達は初めて屋根の下に集まるようになったのである。

これには面白い話がある。信人の中から選ばれた役員達は、今の大倭では恰好が悪くてえらい顔して大倭の信者といえない、世間から馬鹿にされるし、神様に値打ちがないという観点から、寄附金を信人から集める相談が彼等の間でひそかに持ち上がった。

「強制寄附、売名寄附は慈悲の心で止めさせよ。せっかくの徳を失うからである。神社仏閣に大々的に記名して寄附した家の末路をよく調べてみるがよい」
とのお叱りに似た霊示があったので、役員達に説明したところ、彼等の計画はすっかり流れてしまい、二、三の有志で、この会所は建てたのである。真心からの浄財は喜んで受けるかわりに、記名したお賽銭《さいせん》なら止めるよう、金は私が自由に使うのであるが、神様には関係のないものだと教えたことがあった。

七月一日から従来の家庭教化をやめてこの会所に籠《こも》り、大本宮へ足を運ばせることにした。別段挙げて言う程の理由はないが、正直なところ廻り切れなくなったからで、もしこのまま続ければ、信人相互の間に必ず僻《ひが》みが生じてくるのを恐れたのと、御利益主義的な信人結集は、宗教の本質をむしばむ危険性を多分にもっているので、この点の指導教化を大本宮でやりたいと思ったからである。この年の秋、大本宮に電灯が入ったので、五年間の懐かしい自製のランプ生活と、別れを告げることとなった。二十八年の六月の下旬、北九州で死者、行方不明あわせて千百六十六人を出したという、気象史上最大の豪雨禍のあった頃から夏にかけて、十五人が大倭へ加入してきた。明けて二十九年、一門の生活維持の目的で軍手織りを始めたのである。

一方、阪中米子《さかなかよねこ》というかなり使える巫女《みこ》が信人の中から出たので、宗教的教化の傍《かたわ》ら信人達の生活相談にはこの巫女を通した霊媒《れいばい》で応じさせた。

米子は過去において一度も、宗教的修行の経験をもたないズブの素人であるが、入神して神憑《かみがか》り状態に入ると、自己の意識が全くなくなるという珍らしい女である。それだけに、この巫女を使う審神者《サニワ》の能力によって、この霊媒の値うちが決まるのである。始終この審神者《サニワ》は私がやったので、信人達は喜んだ。好奇心で来る人が多くなるにつれ、これも三年程で自然と止めるようになった。

大倭安宿苑《おおやまとあすかえん》できる

三十年に入ると、信人達は、再び何とかして外に出てほしいと懇望《こんぼう》し始めたので、私は厳として個人家庭にはいかない、しかし誰かの家を会場にして人を集めたならば、そのグループ対象なら出ていこうと内意をもらしたところ、あちこちで信人達は申孝会《しんこうかい》を結成し始めた。

近鉄小坂の北方、稲田で結成された「楠根申孝会」へ出むいたのは五月六日で、これが皮切りとなって次々と巡回することになった。

六月二十日に皆既日食があらわれたのも、こうした動きとかみ合わせて何か意味ありげに感じられた。

大倭教が立教を宣言してから十年の歳月が流れた。前年七月頃から話し合っていた県下唯一の救護施設の建設の件は、社会福祉協議会の岩井事務局長との間に、具体的に進んできた。彼はこの年のお年玉つき年賀葉書の県配分の中から百万円を私の方へ廻してくれた。総工費は三百五十万円かかる。帯に短したすきに長しとはこのことで、今井冨蔵氏は黄色い小便をしながら東奔西走《とうほんせいそう》した。奈良市議、松本伍史《ゆきふみ》氏、谷井興業社長、谷井友三郎氏ほか心からの協力者が多く現われ、十二月四日、金鵄祭の日に地鎮《ちちんき》起工式《こうしき》、同二十三日の日聖祭に芽出度く棟が上がったのである。これは光明皇后の霊威の働きだったので、その本名をお借りして「大倭安宿苑」と命名したのである。

多くの人々の私に対する善意や、民生委員常務等の対人関係と、皇后の霊的活動の総結集が、十年の時間を要してここに一つの形としてまとまったものといえよう。

およそ新しきものが生まれるには、多種多様な要素が含まれているが、ことここに至る経過のあとをつらつらと思うに、私は何気なくやってきた。

三十一年五月十七日、開苑と同時に数人を収容した。この年の十二月、大本宮の地続きの北隣りで奈良国際ゴルフ場の工事が始まり、それと同時に大阪―奈良を結ぶ阪奈道路工事がここから五十メートル北で着々と進められて、求めずとも、このあたりの文化的開発が始められたのである。

大倭安宿苑の寮母には、家の子の婦女子をゆかせたので、軍手織りからプレス加工に切り替え男子達によって従事させた。三十三年二月十日、奈良国際ゴルフ場のお蔭で大本宮へ水道が入った。十年間の永き歳月にわたって、我々大勢の者の生活を助けてくれた溜池の水と、感謝の祭りを懇ろに行なってお別れした。三十四年六月九日、阪奈道路は全線開通し、十二月二十二日、大倭安宿苑の第二次増築は竣工した。三十六年二月、ゴルフ場の協力によって、幅員六メートルの道路を大本宮から阪奈道路へ結びつけた。

ワークキャンプきたる

三十七年十一月二十二日、FIWC（フレンズ国際労働キャンプ）関西委員会の学生達が、苑の第三次増築の折、大倭で初のワークキャンプをもった。これをきっかけに大倭は若返る雰囲気になりつつあった。

大倭との結びつきに関しては、学生達は何も知らなかっただろうが、この現実は、来たる四十年にそなえての神慮であったことに相違なかった。私はこの学生の中から必ず大倭の一役をかって社会的に活動する使命の人が含まれているに違いないと、永年の経験から察知することができた。三十八年一月、霊示により生産事業の準備を始め、あれこれと考慮の末に、建築用のブロック製造に踏み切って、九月には試作に成功した。

この年大倭へ入門する若者が急に増加してきたのである。

今から千二百五十年の昔、この地は悲田院《ひでんいん》、施薬院《せやくいん》の旧蹟と伝えてきた所だったので、大倭十年にして悲田院に該当《がいとう》する救護施設が生まれたことは、むしろ当然のような気がしたのである。一方の癩者《らいしゃ》救済は癩予防法があるからには、恐らく今世はこの地に縁がないだろうと、人間心でひそかに思っていたのだが、三十八年九月の月次祭に、鶴見俊輔氏の意思を戴《いただ》いて柴地《しばち》則之《のりゆき》キャンパーが癩回復者の宿泊所建設の問題を持ち込んできた。次の十年目即ち四十年には、光明皇后は何をなさるつもりかな、と時折思い浮かべたことなどがあったので、遠慮がちに解説調で話しかける彼の態度に同情するような気持で聞いていると、皇后さんの明るい微笑が前をかすめたりするので、いろいろな意味を含めて笑いが暫《しばら》く止まらなかった。来るべきものが来たという実感以外は何もなかった。

ただし四十年の年が来なければ十年目にならないので、その間はかなりもつれる問題であることだけは感じていた。

明けて三十九年八月二日、癩回復者社会復帰の拠点、宿泊施設「交流《むすび》の家」の起工式を挙げた。勿論FIWCが事業主体である。同九日、地元民約百名余りが建設反対のため大倭へ押し寄せてきた。もみにもんだこの問題も、明けて四十年二月二十日めでたく地元と円満解決し、いま若者達は七、八月の炎天下で建築に取り組み、尊い汗を流している。

かつて微動だにしなかった社会の厚き壁の一角を、ワークキャンプの若者が見事に切り崩した功績は高く評価しなければならないし、反面また彼等がもつ人間関係は大倭との結びつきの橋渡しともなって誠に有難い。知らず知らずに、彼等もまた神のまにまに流れているともいえるのである。

山岸巳代蔵氏

話はちょっとさかのぼるが、三十四年七月四日の朝日新聞に「洗脳で発狂騒ぎ」と大きな見出しで、三重の春日にある山岸会のことが報道してあった。こんな近くにこんな団体があったのかと初めて知った。その後、何回もこの問題は取り上げられ、かなり社会的な反響があった。私はひそかにその主体である山岸巳代蔵氏に霊波を透して初対面したのであるが、今の世に珍らしい人であることが分かった。事件のなりゆきよりも、この会の生命が弱かったので、ヒトゴトでないような安否を気づかう衝動にかられたのである。我ながら不思議であった。彼は神ながらを味で知っていたことが、私に分かったからかも知れない。それからというものは、この会のその後の動向や、山岸氏個人についても、何となく気になっていたところ、三十八年になるとワークキャンプの学生達が何回も大倭でキャンプをもつようになった。そして、私と学生の間に個人的な親しみが自然に生まれてきた。意外なことは、このキャンパーの中に山岸会の例の洗脳、研鑽《けんさん》を受けた者が多くいて、それ等の大部分の者が、このキャンプの主導性をもつ立場にいたということである。彼等から「山岸会は健在なり」と聞いたので、ああよかったと私は内心で喜んだものの、瞬間に黒い影が横切った。

それからというものは、岡山で山岸氏の「死水《しにみず》」をとったという西辻誠二氏をはじめとして、この会の息がかかっている人々が、続々と大倭と交流をもつようになってきた。そしてこれらの人の中から、大倭の一門に加入した数人の若者もある。古き家の子達と彼等はよく融和し生活を共にしている現実は、山岸氏の下種《げしゅ》が大倭で発芽し成育する要素を多く含まれていたことを知るに十分である。

これからが出発

私と同じ使命をもつ人は何回かこの世に降誕したのであるが、生まれるごとにその時代即応の仕事を済ませてきた。今の私は、その時その時の使命のすべてを積み重ねた上に、今世に受けた私の使命が更に重ねられていることになる。

昭和二年の神示から敗戦、大倭教の設立から昨年までの現界における私の流転は、過去世がもつ各々の使命の総ざらえに等しい期間だった。今世の私の使命は、昭和四十年から始まるのである。五十五歳、面白い数字の重なりである。

私には、明日から大倭がどのように変わってゆくかまったく分からないが、今年からは以前とは逆に、外部へ向かって流れてゆくことは確かといえる。過去世からの宿縁の者が、既に全国各地で適当に配置され待機しているから、動き出せば面白くなる。龍が天に昇るときは嵐を呼ぶものだから、大倭が流動すればする程、現代宗教界に、あるいは思想界に一大龍巻きを引き起こすことになると思うが、これだけは覚悟してほしいものである。

昨日までの大倭は、内向きの姿勢だったから信人には尻をかましていたのであるが、外向きに歩まなければならないように転換してきたので、信人を抱擁《ほうよう》しながら教化指導に当たることになった。外出する機会も多くなることと思われる。

過去の流れの中において、神宮の聖地に沈めておいた血涙《けつるい》は、やがて須佐《すさ》の緒《お》（結び）の働きとなって、これからの大倭を神ながらに形成していくであろうし、あるいはまた、それが潁割《かいわり》の大倭に、やがて花を咲かせ実を結ばせる地下水ともなって、千代に八千代に、大らかにして和やかに、そして清くしてゆるやかに流れていくことであろう。

（昭和四十年八月二十日）

私の大ぶろしき

『大倭新聞』第17号
昭和41年1月発行

新春の夢

今日は新春の夢を話せという編集部からのお声がかりで、一つ初夢の「ねごと」を聞いてもらいたい。

見渡す限りの砂漠のような中で、思い切り走ったり飛んだりしても、誰からも苦情を受けないで、暑くなれば風が吹き、寒くなればぽかぽかと土から暖かくなってくる。

ノドがかわけば水が湧き、腹がへったら珍無類な御馳走が山と盛られて現われる。好きなものだけ腹いっぱい食べれば、残りは消え去る。

退屈になると絶世の美人が寄りそって、おもむろに歩く、ひそひそと語りながら。

白髪にもならなければ、死にもしない。

楽しいのか、苦しいのか、こんなわけの分からない世界がもしこの世にあるとすれば、それこそ一大事である。寝小便をたれて、ベソをかいてみる程度の夢。

しかし、自由でありたいし、自由人になりたい夢は、大なり小なり誰でもがみる夢と思う。

自分を束縛するすべてのものをなくすれば、一応は自由人と言うのだろうが、それには外からくるもの、また内からくるものがあるようだ。今、自分が生きている現実にポイントをおいてあたりを見れば、その一切は束縛と思えてくるし、反面、見ようによっては、一切の束縛は自分が生かされているための条件となっていることに気が付くだろうと思う。

私たちはこの世へ奇蹟に近い選ばれ方をして出生した。日とともに身体《からだ》は死に近づくように変化してゆく。その間に色気も現われ、白髪も生えてくる。病気も起こってくるし、終わりには死んでしまう。こうした定まり切ったコースは人たるものは誰でもが信じているはずであるのだが……。分かっていながら、忘れている人々はお気の毒である。

もしこの鉄則が、人々の望む自由に対する障害と考える人にとっては、この世は苦の世界になることと思う。

私は自由人で一生を終わりたい。自分に対して何の束縛も何の障害もなく、気の向くままに振舞って、そしてこの世に生まれた手形、足形だけは、はっきりと残しておきたいと願っている。

そうでないと、折角、人間に生まれさせてくれた神々の神慮に対して申しわけがない。また、この世を去ったとき、それらの神々に対しても合わす顔がない。死後の世界だけは、現界のように逃げたり隠れたりできない所だから仕方がない。

これは私の人間感情の思惑《おもわく》であるが、事実は私がこうした気持がなかっても、神のまにまに生きさえすれば、この世に生まれたお役目は果せるように生まれぬ先から決まっているのだから、私こそお芽出度い人間と自称している。

世界の人達が遠慮なく自由に振舞える土地、大倭《おおやまと》の舞台、敷地は狭くて仕事にならないが、今のところ実測して約一万坪はあると思う。今から千二百余年前に栄えた平城京の西に当たっている。再び夢物語を一席はじめる前に、夢は実現しないのがたてまえだが、この夢は死に馬が屁《へ》をこく例もあるので、或いは実現するかも知れないという、かすかな望みもてるといいたい。

ホールの建設

この大倭が、世界の人々の心の拠《よ》り所となって、世界の人々に与える光明の光源地になる。これは実に遠いことだが、この遠い夢の世界に近づく精進《しょうじん》は休みなく続け、たとえ一歩でも基礎を造りたい。

大倭が霊感、霊能を自覚している世界の有識者の集まる場になりたい。すなわち顕幽《けんゆう》にわたる人格者の集いの場である。

ここで決まったものは、すぐ実現できるような、国際的な力をもちたい。

あの小人等の戦争は止めさせようとなればすぐ停戦して和解する。核兵器を無くそうと決まれば地球からそれが消え去る、といった具合に……。

この人達が会談するに必要な大殿堂を建設する。それには祭壇を造って「宇宙神」を据え、名称はなくてもよい。そして世界の宗教がそれを御本尊的存在として互いに認め合う。そして世界の宗教は、和を以ってお互いに尊敬し合う。一宗教の色彩をもつ殿堂であってはならない。

この御本尊は、大倭教では「太加天腹大神《タアカアマノハラオオカミ》」となるし、仏教では「久遠本仏《くおんほんぶつ》」、宗派によっては「阿弥陀如来《あみだにょらい》」や「大日如来《だいにちにょらい》」、キリスト教では「ゴッド」（唯一神）というふうに扱えるものである。

この殿堂は、神のほか所有者はあってはならない。必要とするのは管理、留守番の人さえあればよい。

お芽出度い夢に酔って、さめてみるとこはいかに、大倭の紫陽花邑《あじさいむら》の隅っこで、とぼけた自分に気がついている。

よくよく眺めれば邑のどこかにこの夢の兆《きざ》しが、皮の下でうごめいていて、時を待つ気配がただよっている。

さて現実は

大倭の小さい限られた紫陽花邑の中で、多彩な人間像をもつ百五十人ばかりの人々がその人なりの生活を営んでいる。

大倭一門、宗教法人大倭教、社会福祉法人大倭安宿苑《あすかえん》、ＦＩＷＣ（フレンズ国際労働キャンプ）

関西委員会、問題の「交流《むすび》の家」等がこの邑の中にある。
牛馬、犬猫といったものが仲よく一つの檻《おり》の中で暮らしているような形である。神という飼主のもとで……。

夢は自由にみることができるが、現実は一歩一歩と身近から造って行かなくてはならない。

今は、大倭一門という集団生活体が、そのモデルケースのようになっている。日本の古代社会の現代版とみればみられるし、また将来における最も進歩した理想社会とみれば、またそうともみられる面白い集団である。この生活体は私には作意もないし、また大倭教も私の意志で始めたものではないのだが、両方とも私を中心として同時出発の形になっている。いわば神が仕組んだ芝居の主役に、私が選ばれたということになる。私のように抜けた奴が、かえって適役だったからだろう。

流れは神の力、その流れに乗って適当に竿をさして危険をさける方法は自分の力、まさに峡谷の急流を筏《いかだ》で下るような快適な楽しみを味わうような人生が、私の処生の道となっているようだ。

大倭一門もようやく二十歳になった。色気も出てくるし、身なりも飾りたくなる年頃である。だのに今の姿はあまりにもみすぼらしい、といっても一足飛びには成長しない。

かねて約束の光明《こうみょう》皇后を祀《まつ》る「須加宮《すがのみや》」(神社)を建てたい。

またすべて世の人々が気兼ねなく活用できるささやかな神殿兼会堂も建てたい。少なくとも数千人が入れるような。勿論《もちろん》、大倭教が独占するようなものなら必要がない。

関西を訪れる人々のための宿泊施設、格安の値で泊れるようなもの。

ゆり籠《かご》から墓場までの福祉関係の各施設、これには託児所や各種学校、それに東洋、西洋の医術に心霊治療を加えたような、世にも稀《まれ》なる総合病院を造る。

宗教専門の放送局の設置、それは如何《いか》なる宗教でも利用して伝道教化に役立つもの。

明日のあじさいむら

夢は実に愉快なもの、敷地拡大を思いながらも、今の私には肝心の金がないし、金をつくることは生まれつき下手であるくせに、夢だけは御立派なものだと冷やかしてくれる囁《ささや》きが何処《どこ》かの方から聞こえてくる。

いい気になって金のいることばかりにうつつをぬかしておれば、家の子達の住居《すまい》はせめて世間並に、それと大倭の敷地内の整備、誰が初めてきても心の清まるような宗教的環境を造ることから手をつけなければ、道も、家の廻りも美しくして、たずねる人が迷わないような道しるべを所々に立てるような親切心がほしい、と外部からの声に今年の寝言はとぎれてしまった。

今の大本宮《おおもとみや》の地だけは古《いにしえ》の奈良の都の形をそのままにして、近郊近在に住む人々の心のやすらぎになるような宗教的雰囲気をもつ公園、聖地にし、今散在する家の子達の住宅や施設、それに印刷、プレス、ブロック等の工場は、城下町のようにその外地に美的配置をする。横からみても、飛行機からみても、すぐ大倭であると分かるような、異彩を放つ地域社会ができ、それが日本のあちこちにも生まれてゆくところまで、夢は続くはずだったのだが……。時、時と注意するかの如き声だけが聞こえる。

砂漠の中の泉に

稿終わるにのぞんで、ひとこと世の人々に伝えておきたい。

新聞やニュース放送で、時おり一家心中や家庭の事情で転落して、人生を台なしにする哀れな事柄を聞くたびに、私はわが身一人の責任のように感じてならないので、今後もしそうした境遇へ不幸にも追い込まれる人があったならば、その前に必ず大倭を訪ねてほしい。抱き合って泣こう。また笑おう。事情によっては、私と共に暮らしましょう。

地獄の中の仏、砂漠の中の泉、暗夜の灯火《ともしび》が、今の世における大倭である。

もし読者が知る範囲で、これに該当する者があるならば、大倭の存在を知らせてやってほしい。

私は阿片を与えて麻痺させるような、卑劣な巧妙な芸当はできないようになっている。

私は悟りを開いた聖者のような、崇高なかけ離れたところにはいない。また、宗教哲学者、宗教企業家や古文化財を食い物にする興行者でもない。常に社会大衆と手をたずさえて歩く俗物の中にある自由人であると同時に、宗教人であることだけは信じてほしい。

（昭和四十一年一月十日）

古代日本への招待

『大倭新聞』第19号
昭和41年3月発行

古代は野蛮か？

編集部　近ごろよく日本とか、日本人とかいうテーマがとりあげられるようになってきました。仏教が日本に入る以前の古代日本の姿がどうであったのか。こういった視点から民俗学に注目して、柳田国男や折口信夫《おりぐちしのぶ》の膨大な著書に入りこんでいく人が多くなっているように思われます。ところが古代日本は言《こと》あげせざる国といわれているように、書かれた歴史というものがまったくない。だから形を通して古代を類推するより仕方がないわけです。そうしますと現代の感覚でみますから、どうしても古代人の実感とずれるのではないか。勿論《もちろん》、これが古代人の実感だなどといえるものをはっきりさし示すことはできないわけです。例を上げると祭政一致と巫女《みこ》の存在とか、稗田阿礼《ひえだのあれ》の伝誦《でんしょう》をどう解釈するかです。だから固定したこれまでの解釈にとどまらずに、もっと大胆に古代に接近したい。ここから古代論が各方面から展開される契機にしたいというのが私たちの主旨で、いろいろお聞きしたいんです。

ところで、古代社会を野蛮で階級的差別のはげしい社会であったとする考え方があります。

法主　どういうところから、そういう考え方がでてくるんですか。『古事記』とか『日本書紀』の古代とかを根拠にしてですか。それとも想像ですか。

編集部　おそらく想像だと思うんです。古代社会を実証するものはあまりありませんから。それが戦前の天皇制などに反感をもっていて、その天皇制というのは古代社会からきているというわけです。そういう一種の政治的反感のようなものが、古代の本体をあきらかにする前に先入観念としてあるんじゃないでしょうか。だから古代社会と戦前の天皇制といっしょくたにしてしまうようなやり方で、出発しているんじゃないかと思うんですけど。

法主　そうでしょうね。古代のことなんか、書かれたものとしては『古事記』や『日本書紀』『旧《く》事《じ》本紀《ほんぎ》』各地の『風土記』や祝詞《のりと》などという、古典を中心にしてやないと調べようがないでしょうね。

大体野蛮やとかいうのでも、何をもって野蛮というのかね。たとえば、岡寺のむこうに石舞台がありますけど、あれなんか現代人が考えても、つくり方とか、どこからあんな巨石をもってきたのかとか分からんでしょう。ドルメンとかストーン・サークルなどの巨石文化はずいぶんありますよ、世界中に。

そのほかにも、今の知識で解決できないのも沢山あるしね。そんなことを考えると、現代ではなるほど物質文化は進んでいるけれども、古代人がそんなに単純であったか、野蛮であったか問題やわな。

霊界人との一体生活

編集部　現代と古代では、もちろん、文化、政治、経済、いろんな面で違ってきていると思うんですが、どういう点が根本的に異なるのでしょうか。

法主　そうですね。一番変わっていることは、古代では、現界の人間と霊界人（霊人）と同居していたということです。今の人間はそういう感じ方は全然ないでしょう。ところが古代人は、自分の生活の中で一緒に霊界の人と生活しているという実感をもってたんですね。信じるとか感じるとかいううすっぺらいものじゃない。

編集部　同居生活といいますと。

法主　肉体をもっているか、もっていないか、というだけの違いはあっても、同じように生活しているんですね。これは国家や民族が違っていても、世界中みな同じことです。個人について考えても、人間の肉体と、精神とか霊魂、心という二つのものがひとつになっているんですね。そういうところから日本の古代は出発しているんじゃないか、と思うんやけど。

形として残っているものをみて、古代人はこんなことを考えた、こんなことをしたとかいうけれど、そのもとの流れとしては、霊界人と現界人が一体となって、現界に形としてあらわしたものが残ったのだ、ということがいえると思うんです。日本の古代の文化の根源というものは、霊界と現界とが一つになって動いてきたところにあるんじゃないかな。

編集部　野蛮だという考え方のひとつなんですけれど、たとえば大きな木に「しめなわ」をはって、拍手《かしわで》をうって拝むとか、山を御神体にして拝むとかいうことは、荒唐無稽《こうとうむけい》な信仰の姿である、そこには哲学も科学もまったく介在しないという意見もあるんです。

法主　そういう大きな木とか山には、木の霊魂（生命力）、山の霊魂（生命力）はもちろんあるし、またそこに霊人が住んでいる場合もあるんです。古代人は霊界人と生活していたから、身近に交流できるんですね。

霊人は現界人と交渉をもたなければ霊人としての喜びというか、霊的向上というものはないんだし、また現界の人間も霊界と交流がなかったら、これもまたうまいことといかないんです。現代人には分かりにくいかも知れないけれど、古代の人達は霊人と話もできるし、お互いに実感として感じあってたわけですね。

そやから何もないところを通っても、また山にころがっている石のそばを通っても、霊人がそこに住んでいる場合には「わしはここにいるんや」と知らせる。そこで「ここには偉い神さんがおる」ということになって、時には「しめなわ」をはったり、お社《やしろ》をつくったりするわけや。だから「しめなわ」をはったり、お社を建ててある場所が、そのまま礼拝の対象というふうに受けとるのはおかしいんです。

今は、「ここには偉い神さんが祀《まつ》ってある。手を合わせて拝まにゃならん。拝んだら御利益《ごりやく》があるやろう」という感覚の人が多いんですけど。

編集部　出雲大社などはどうですか。

法主　同じことですね。大国主命《おおくにぬしのみこと》というたら、どえらい大社建ててしもうて、偉い神さんになってるようですが、本当は我々現界人とごく身近な関係の霊人なんですよ、私からいわせるとね。

編集部　そういう現界・霊界の交流というものは、文化面においてどういうふうにあらわれてくるんでしょうか。

法主　学者は日本の文化は農耕文化から出発しているというけど、その農耕文化にしてもその根底をなしているのは、霊界人との話し合いなんです。

器にしても製作手法はどこから流れてきたものだとか、どこそこのと似てるから影響をうけているんじゃないか、とかいいますね。実際はその殆《ほとん》どというものはね、霊界人が教えてくれたんですよ、今でも同じですが。

たとえば、過去にインドに生まれた人がいるとするでしょう。今度日本に生まれた人がその人の心を受けついだ場合は、前の世の文化を潜在意識としてもっているんです。だから、自分の発想として日本で何かした場合でも、現在の学者からみると「ああこれはインドにあるのと同じじゃから、インドから流れてきたんだろう」ということになるわけですよ。

編集部　しかし実証する立場の者からすれば、そういうふうな推定の仕方しかできないんじゃないですか。

法主　そうです。けれど全然関係のない所で、同じようなものが偶然に突発的にでてくるということもあるわけなんです。現界での交流、影響はいうまでもないんですが、霊界を通して、あるいは転生した霊魂を介在して、文化がつくられているというわけです。

この両方からの動きを結びつけていくと、文化の流れというものがでてくるんですがね。そうみていけば、世界の文化というのはどこかで全部つながっているんだと思えますね。農耕でも同じことですね。その時々、場合場合に応じたやり方を、霊界人が教えてくれるんです。

編集部　すると古代文化をとらえる場合、文化交流とか発生において現界と霊界が結びついていたことを、新たに考えておかねばならないといわれるんですね。

法主　文化交流とか文化移動を、別の面からもみなおすということです。

編集部　しかし人間の努力の積み重ねとか、科学的考察というのも否定できないんじゃないでしょうか。

法主　もちろんそうです。そういうたえまない努力とか学問というものと同時に、霊界との交流という今まで余り表面に出なかったものが、文化・文明の一面をささえている、ということをお話したのです。

岩戸開きの意味

編集部　ところで、よく『古事記』は本来の日本人のおおらかな性格を表現しているといわれておりますが、『古事記』にでてくる天の岩戸開きというのは、どういうことをあらわしているのでしょうか。

法主　端的にいえば「笑う門には福来たる」ということです。人間の生活には「笑う」ということが非常に大事ですね。だから笑うことのできる人間というのは、一番神さんに近いともいえるんです。笑うということは、言霊《ことだま》からいえば心の塵《ちり》をはらうということでしょう。

心の塵、汚れをはらって、はらった残りを洗う。「はらう」と「あらう」をくっつけたら「笑う」になりますね。人間の心の汚れ、垢をはろうて洗ったら、自然に笑えてくるでしょう。

それを一番具体的にあらわしたのが、天宇受売命《あめのうずめのみこと》みたいに、ストリップして踊るということになったんですね。

編集部　というと、何を意味してることになるんですか。

法主　あれは言霊と陰陽一体の理というものをドラマ化してあるんです。天照大神《あまてらすおおみかみ》が岩戸へかくれたでしょう。

編集部　闇になったわけですね。

法主　言ってみれば太陽が西の彼方へ沈んで、闇になったようなものでしょう。どうしたらその夜の闇をはらいのけられるか、ということはどうしたら世の中の汚れというものをはらえるか、ということでしょう。そこで、笑うという状況にもっていかなければならないということになるのです。社会を動かす力をもっているのは男性やから、男性から笑いをひきだすには、女性が笑わす原因をつくらなければならない。

そのために踊ったんですね。ストリップやったんです。そしたら、ワッと笑いがおこったんです。ということは、笑いの原因は踊るということでしょう。言葉からいけば、踊るという言葉で、「お」は「心」ということ、「心から」「真心から」ということです。踊るというのは、やまと言葉でいうと「お足《た》る」です。「足りる。足る」ということなんです。読みくせで、タ行の変化で「おたる」というのが「おどる」になったんです。

自分の心が十分満足するというのが「おどる」の言葉の語源なんです。

編集部　そういうことになってくるんですか。

法主　昔から言うでしょう。「女ならでは、世のあけぬ国」とか。それが岩戸開きの原理ですね。家庭でも同じことですよ。

奥さんのことを「おかみさん」というでしょう。「お神さん」ですよ。一番偉いんです。男は奴隷みたいに働いて、奥さんは資本家というみかたもできますね。これは冗談ですが……。

そやから奥さんがしっかりしていて、家の中でストリップでもして主人の帰りを待ってるような心境でいたら、家の中の岩戸開きですよ。そういう家は栄えますね。

自然の集団生活

編集部　現代ではそういう心が大切なことですが、古代の生活といったものはどういう風に感じられますか。

法主　穏やかですね。第一に法律とか規則がないですし、それに皆の気持を動かしている根本的なものといえば、皆が仲ようして暮らしていこうということですからね。

統一した国家ではなくて、地域ごとの集団、一つ一つが家族やったと思いますね。集団生活していたわけです。

編集部　生活の中での統制といったようなものは、どうなっていたんですか。

法主　集団生活の中で、自然に霊感霊能の一番確かな、そして皆にしたわれる人が司《つかさ》になっていったんやと思いますね。その司になった人が、こうするああすると一言いえば、皆大なり小なり霊感があるから、無条件にああそうかとわかるんです。

編集部　命令とは違うんですか。

法主　自然の流れなんですね。協議とかいうのでもないんです。理屈ぬきの世界なんですよ。祝詞《のりと》などでも「神集《かみつど》いに集い給い、神議《かみはか》りに議り給う」という言葉で説明しています。神というのは、人間一人一人のことなんです。皆、宇宙神からわかれてきた人間なんですから。だから、その生活体の中の人間が皆集まって、司になる人が「明日から籾《もみ》をまく」と一言いうと、一人が「私の家には種があるから種をまきます」、また一人のものが「私はこうします」というふうに、一人一人が皆自分の分をいうわけです。それが「神議りに議り給う」なんですよ。音でいけば、「はかる」というのは自分の分量をはかるというわけです。協議とは違うんですね。上からでてきたひとつの流れに対して、下がみな分担して受け持つわけですね。だから争いというものもないんですよ。

そういうのが日本の古代においての会議というもんでしょうね。

編集部　すると非常に自然な流れとしてあったわけですね。そういう自然性が失われた時に、上からの命令という形だけが残って、無理が起こってくるんだと考えられますね。『日本書紀』にでてくる塩土老翁《しおつちのおじ》という人は、どういう人だったんですか。

法主　霊感のあった人ですね。神武天皇は老翁《おじ》のいう通り動いているんです。老翁《おじ》が「東によき国あり」ということを言って、神武天皇に指示したんですよ。「大和は天津日継という天業を伝えていくには最もふさわしい土地である。そこには、天孫の饒速日命《にぎはやひのみこと》から伝わってきた直系がおります」とほのめかしていますね。

編集部　天津日継というのはどういうことでしょうか。

法主　スメラミコトの仕事のことですね。つまり、古代からの神意をそのままに受け継いで、人格的にも霊的にも統《す》べ治《おさ》める命《ミコト》をもって、そういう仕事をしていくことをいうんです。

それを天津日継の大業、天業というんです。それを老翁《おじ》が言うてるわけです。「大和は国の中心というふうに。

形からみる古代

編集部　古代の自然の集団生活といったものについてお聞きしたわけですけど、そうした生活の中で神意というか、宇宙の法というか、そんなものは彼らの中ではどのようにして形にあらわし、解釈されていたんでしょうか。そしてまた、現代に形の伝承として残っているものとすれば、どんなものがありますか。

法主　そうですな。言葉とか、形で伝えてきてるわけですけど、「しめなわ」なんか宇宙の法則をあらわしていますね。

陰性陽性を完全にねり合わせて一つにしている。陰陽一体を具象化したものといえます。相対が一体になっているんですよ。

編集部　拍手《かしわで》なども意味があるのですか。

法主　これも形として、陰陽一体をあらわしているんです。この音が一番清浄ですね。

編集部　たとえば地方へ行きますと、男根崇拝というのがありますね。そういうものは非常に低俗なものであるというふうに、特にヨーロッパ系の宗教感覚をもった人は言うんですが、どんなものでしょう。

法主　とんでもないことです。あれはみな理をあらわしているんです。

編集部　どういう感じ方からそういうふうになったんでしょう。

法主　やっぱり宇宙創成の根源というものは、陰性陽性が一体となってものを生みだしていくということなんです。

そういうことが一番身近に具体的にわかるのは生殖器。そやから生殖器崇拝というけどあれは崇拝じゃなくて、ただの信仰のシンボルです。宇宙の理というものを自分が体験体得するがために、あれを前面にだすんです。

本来、宇宙の自然神は人間の住むようなお社などには祀らないのですが、お宮さんのように人格神を祀っているから、宇宙の神さんをもお社に祀りたいということになってくるんでしょう。そしたら、御本尊を何にしようかということになって、やっぱり理の具象化したものをもってくることになるんですね。

編集部　それが実体というわけではないんですか。

法主　実体じゃないですね。

編集部　実体という錯覚があるから、それが崇拝というふうになるわけですね。

法主　おかしいと思うなら、山へ行って松茸をみると男根と変わらんでしょう。形からいきゃ同じことです。お芽出度い時、お膳の上へはまぐりと並べておくでしょう。今咲いている春蘭の花を見たてでしょう。あの花を開けたら、オンタとメンタがいっしょになってるように、できてるやないですか。

生殖器やなんていうからおかしいんです。そしたら春蘭の花でも美しいなんて言われへんでしょう。あんないやらしいのって、言わなきゃいかんでしょう。

編集部　磐座《いわくら》、神籬《ひもろぎ》のあらわすところはどうでしょうか。

法主　形とすれば、やっぱり宇宙創成の原理をあらわしてるんですね。下に陰性の磐座があって、その上に陽性の神籬を立てて、その二つがいっしょになって陰陽一体ということです。

編集部　「しめなわ」などと同じ形の伝承ですか。

法主　ふつうの家でも大黒柱というでしょう。家の中心に一番大きな礎石を置いて、その上に一番太い柱をたてるというのも、その大黒柱を中心にして、家屋全体が均斉《きんせい》を保つようにするわけですね。

編集部　その大黒柱ということで思い出したのですが、伊勢神宮のお社の下に「ココロのミハシラ」というのがあるそうです。これが大黒柱の名残りを保ってきたものかどうか、問題になっているわけですが、こういう視点からすると、陰陽一体の宇宙の理をあらわしてきたものだとも考えられますね。

それからさっきの磐座、神籬の陰陽一体の話ですが、現代にどういう形で伝えられているでしょうか。

法主　結婚式というのは、陰陽がひとつになることを公認する儀式ですから、原理はいっしょということですね。二人がみんなに認められた夫婦であるということを、神さんにお見せするわけです。

編集部　その時、お祓《はらい》なんかするでしょう。

法主　あれは、罪けがれを祓《はら》うということでしょうね。霊気で祓うのが本当なんですがね。まあ結婚式につかう紙ひとつでも、合わせ紙といって赤と白二枚を合わせてるし、御神酒《おみき》ひとつでも女蝶《めちょう》、男蝶《おちょう》というふうに、雌雄《しゆう》をこしらえるんです。

言霊での伝承

編集部　形で伝えてきたほかに、言霊信仰とでもいうのでしょうか、言葉でも伝えてきたと、さっきのお話にでましたけど……。

法主　たとえば「宮さん」という言葉がありますね。「みや」というのは魂の入ってるところですね。「み」というのは霊魂、「や」というのは家、家屋のことです。

言葉として、「み」というのは、タカミムスビとかカミムスビとか使いますし、現在でも自分の体のことを「身《み》」というでしょう。ですから、魂、霊魂、心というものが「み」とすれば、肉体が「や」になって「みや」になるんですね。

ひとつの人格霊があったとすれば、その人格霊を鎮《しず》める建物を宮というわけです。また、子供のやどる袋のことは「子宮」というでしょう。それをもっと大きくとらえたら大宇宙全体が「宮さん」ということになるんですよ。

編集部　すると、さっきのお話にあった「おどる」というのも言霊、言葉の伝承ということですか。

法主　「おどる」も陰陽一体の理を言霊としてあらわしているんですね。陰性つまり女の神さんがからっぽのいれ物を逆さにして踊ったら、陽性つまり男の神さんが笑うということなんですね。歌いおどる心が十分に足るということです。

それから、罪、穢《けが》れのことですが、古代人は霊界人と同居していたから、生活の中での穢れに対する浄め、禊祓《みそぎはらい》ということをやかましくいってたと思うんです。

穢れというのは、まが罪ということでしょう。罪というのは「つつみかくす」とか、自分の心の中でいろいろ思っていることとかをいうんですからね。それをとっていく、祓い浄めていくということが禊ということになるんです。その禊をする時は、天地自然の宇宙の大霊に向かっての祈りということになるんです。

ほかにも「手当て」という言葉がありますが、あれももとは実際に病いの患部に手を当てたんですね。

明るい民族性

編集部　そういう非常に自然であった古代からみられて、明治時代に橿原《かしはら》神宮をつくるとか、伊勢神宮を天皇家に直結させて、強引に国民に認めさせるとかいうことをしたのですが、そういういき方はどうなりますか。
法主　不自然ですね。伊勢は日本民族の祖廟《そびょう》というふうにきめつけて、政治的な権力で国民に押しつけたりするというのは、逆に神さんを冒瀆《ぼうとく》しているんですがね。

編集部　もとのものとは違ってきているんですね。政治的に利用されてきている……。

法主　大体、権力で神さんを保護するというのはおかしいですよ。ただ建物とか土地だけの保護にしかならないんですから。

肝心の神さんは霊体ですから、それを人間が保護するというのはあべこべですよ。そこへもってきて、そんな所へはふつうの者が入ってはいけないなどといいながら、内務大臣とか皇室とか、肩書きがついている人なら入れるということでは、神さんがまともにいてはったらおかしいですよ。そんな人や神主さんがきても、神さんは喜んでないですよ。

人格神と日本の国民というものは一家族ですから、その家族のものが入ったらいかんなんていうのは、人間がつくった「不敬」なんです。人格神というものは、もっと親しみのあるものなんですから。

編集部　柳田国男さんの説ですが、仏教が入ってきてから、日本人の中に陰鬱《いんうつ》というか、暗い思想、考え方がでてきて、本来の日本人のおおらかさ、明るさが失われてきたというんです。

法主　その通りやな。大体、日本民族というのは、太陽を中心とした太陽崇拝をする民族でもあるし、明るいんです。

明るい民族であるために、祓い清めるとかいうことをいうんですね。民族性として清浄観をもっているんです。
そういう本質は、はじめに言った天の岩戸開きのところで端的にあらわれていますね。そういうように、日本には古代からの平和な流れがあるんですね。古代社会はそのまま平和社会だったんです。生活面からみれば、不自由かもしれませんが、みんなが仲よくて調和がとれ、その日その日を楽しく暮らしていくということに重点をおいて生活していたんですから。

編集部　これまでの印象をまとめてみますと古代社会では、霊界人と現界人が同じような感覚で、社会の一員として生活していたということですね。

法主　そうです。その感覚を理解しようと思えば、今の既成観念をひっくり返してもらわねばなりません。
どちらにしても、古代を解く実証的なものは少ない。まあ色眼鏡をとって、もっと自由な大きな目で古代をみて欲しいと思いますね。

（昭和四十一年三月十三日）

社会福祉の原点

『月刊キブツ』第103号
昭和47年10月発行

自他の幸福を祈る

去る八月五日、Kさんから「福祉」について何か書いてほしいとの依頼状が届いた。今の私にはペンを持つ時間が殆《ほとん》どないので逃げたいのが本音であるが、彼から声をかけられると気持のどこかにいつまでもそれが残る思いがするので、仕方なく自分の気がかりの念を消滅するために、つまり自己救済のため、彼の要求に応えることにした。

考えてみれば私の精神的構造は宗教人に仕組まれているようだ。白髪になった現在それははっきり言えるのである。私は多くの人間関係をもっている。類をもって集まるのかも知れないが、彼等の殆どは人生は幸福でありたいと言う。換言すれば喜びをもった心で生涯を暮らしたいと言うことである。ところが現実はその祈りとは正反対の方向に動いている場合が多いのに気がつく。

宗教人の宿命は、社会の総《すべ》ての人々が、その人に相応した個人の人間形成の問題や個人家庭の幸福、更に拡大して福祉社会の実現などを祈ることを基盤として、その方向へ世の人々を一人また一人と神のまにまに教化指導するところにあると私は信じている。けれどももう一歩前進して、現代社会の経済体制の中で個人家庭をもつ人々が、自衛本能を極度に強化する時代に、自他の幸福を真心から祈り得る人が果して今の世にあるのだろうかと考えたくなる。宗教人を自任する者は、まず自ら福祉社会構成員の一員たり得る人格を身につけることが先決問題と思う。

相互扶助的な相関関係をもつ社会の中で生かされている私は、常に自分の生涯を喜びをもって暮らしたいと念願してきた。然し事実はそううまくゆかない。協同体的な現代社会から自分一人を切り離して、自分だけが幸せに暮らせる方法はないものかと言った愚痴を、若い頃何回か繰り返したものだ。何時《いつ》か知らないが、そうした逃げる態度から踵《きびす》を返して、社会と四つに組む中から自分の幸せを見出すようになった。恐らく十八歳ごろだったと思う。爾来《じらい》、私はものの総てを前向きに考え行動するようになった。と同時に一身上に起こった総ての事柄は、殆ど自分以外の人にその責任を押しつけない人間になることができたのである。無限大なる幸せを加美《かみ》（自然）から賜ったわけである。大倭紫陽花邑《おおやまとあじさいむら》は私個人の思いが形として顕現《けんげん》した地域的福祉社会である。言わば私の心の影でもある。

福祉の本質

終戦直後は福祉国家建設、最近になって社会福祉と言った言葉をよく聞くようになった。誠に有難い傾向と思うが、人々は果して福祉の本質を分かっているのかどうか疑いたくなる。福祉とは幸福やさいわいという事で、字の読める人なれば誰でも理解できる。辞典では消極的には生命の危急からの救い、積極的には生命の繁栄と、宗教的な解釈もしている。

資本主義国家では、完全雇用社会保障政策によって、全国民に対して最低生活の確保と物的福祉増大をはかることを目的とした経済体制をとっている。そこで国民の最低限度の生活を保障するため、貧困者には生活に保護を加えたり、公衆衛生や共同募金などの事業を公的に行なっている。それには生活保護法、老人福祉法、児童福祉法、身体障害者福祉法などがあり、法の定めにしたがって、国または地方公共団体がそれを行なっている。また社会福祉事業法によって設立された社会福祉法人は、福祉施設を設置運営するというように、福祉施設としての仕組みは整然とできている。勿論《もちろん》これは薄い行政上の問題であるが、社会福祉はかなり厚い層をもつものと私は考えている。

人々は本質的に、誰もが幸福感に満ち足りた生活を望んでいると思う。世に言う幸福感は、自分の思惑《おもわく》通りの結果が現実化したときの、喜ぶ心を指しているように私には見える。とすれば幸福感は断続的に繰り返すもので、悩みの相対的な一時的現象に過ぎないと言える。真の幸福感は永続的なものでなければならないと思うのである。

人間には個人差がある。然し総ての人々は事実、大自然がもつ各種の条件（加美の恵み）によって生かされているため、生きる方法については人それぞれの工夫があり、相異なった方向に動いている。自分の思いに適《かな》った衣食住を確保したいという欲求だけは、多くの人々に共通する目的のようである。この中に異性間に起こる愛憎《あいぞう》の葛藤《かっとう》、物質的金銭的からくる利害関係、権勢欲《けんせいよく》と権力者への隷属《れいぞく》、優越感に毒された権威者への憧《あこが》れ、病患の苦悩など、喜怒哀楽が織りなす人間模様を画きだし、諸行無常の風に吹かれながらのこの世を果てるのが、人生の定められた宿命のようだ。人間は一生幸福でありたいと願いながら、何故、横道にそれてわざわざ不幸の淵へ落ちなければならないのか。これが肉体をもち、この世だけの心の世界のみに生きる人間の常道であるのかも知れない。

終身保障の地域社会

本年三月一日付をもって、奈良市は通称町名「大倭町」を設定した。現在この町内に居住する者は大倭紫陽花邑の邑人だけである。この邑は古都奈良の右京の西はずれで、緑と起伏の山あいの中、しかも宅地造成の近代化されつつあるその真只中に在りながら、古代の匂いをただよわせて横たわっている。奈良、大阪を結ぶ幹線、阪奈道路を挾んで奈良国際ゴルフ場がある。そのクラブ・ハウスの南隣接地の杜《もり》がこの邑の所在地に当たり、約一万坪たらずの地域がある。

現在みるこの邑は、もとを質《ただ》せば矢追日聖《やおいにっしょう》という個人家庭に端を発し、それに二十五年という歳月の積み重ねと、家族邑人全員の真摯《しんし》な努力とが相俟《あいま》って今日に至っている。

私個人の家庭を今も「大倭一門」と称しているが、その家族数は平均して五十名前後を保っている。この一門家族は言うまでもなく一つ財布に一つ釜で、現代流に言うならば、世にも稀《まれ》な終身保障の地域社会と言える。組織をもつ制度ではないので、勿論、終身保障に対する家族への何ら義務づけする類《たぐい》の定めはない。人々はこの家族を共同体と称しているようだ。ほかに隣保《りんぽ》家庭と称するものが邑内《むらうち》に十数世帯ある。これは財布だけは一門と切り離しているが、それ以外のことは一門と変わりない。

また宗教法人大倭教（全国）、宗教法人大倭大本宮《おおもとみや》（地方）、社会福祉法人大倭安宿苑《あすかえん》、奈良県立菅原園《すがはらえん》、大倭殖産株式会社、大倭交商株式会社、交流《むすび》の家など、多色彩なものが調和の姿を保ちながら各々その主体性を十分に発揮しつつこの邑の空気で生きている。

申すまでもなく共同体と見られている大倭一門は、この邑否大倭教（神《かん》ながらを基盤にもつ宗教）の母胎であり、この邑の中核をなしているが、それは宗教的信仰的な集いでもなければ、社会福祉的慈善的な救済集団でもない。無計画の計画により、組織なき組織で形は造られ、無統制の統制によってその動きを示しているのである。

強いて言うならば、わが一門家族は、お互いが死ぬまでの苦悩を出来る限り少なくするように努めながら、家族達は相互扶助の心で結び合って、墓場へ近づくその日その日を楽しく暮らしてゆくという、世間並の単調な生活体に過ぎないのである。本質的な社会福祉の原種はこうした中に埋もれているのではなかろうか。

多色彩の調和

人として生きる者は、誰でも飯を食べ、クソを垂れなきゃなるまい。であればクソを造る材料は自分で稼ぎ獲得しなければならない。ここまでは動物共通の基本的なものであるが、こんなことの繰り返しのままで、万人が否一人も漏らすことなく絶対に到達しなければならない崇高な「死」を迎えるとすれば、単なる動物的製糞機で終わるとすれば、人間としての生甲斐や楽しみは無くなってしまう。私には耐えられないものがある。それ故に私は加美の仕組みに対し、私心なく順応することが生涯の本質的享楽と自覚し、身に体して今に至った。

ここで言う本質的な楽しみは、世に言う清濁併呑《せいだくへいどん》である。私は雑多な人間のもつ諸問題が醸《かも》している、つまり普通の人が苦にするような事柄でも素直に受け入れて、その綾なす変化に楽しみを見出しているのである。苦から逃《のが》れて楽しみを得るというのではない。加美は一切のものを「顕幽不《けんゆうふ》二《に》」「愛憎一如《あいぞういちにょ》」のように相対的にして一体的に仕組んでいるから、私はこの根元なる加美の摂理を知り、それに触れ、それをわが心に納めるためには、永い歳月の間、血の出る思いで実践を通し、不完全ながら私の宿命の範囲だけは体得してきたつもりである。大倭一門という集団家庭は、こうした心の基盤から終戦を契機として自然に生まれ出たものである。何かの理想を画き、人智の限りを絞って造り出したものでは無いことを、私から言明しておきたい。

今この邑に居住している人は約三百人に達している。折にふれて思うことだが、ようもまあ！こんなに顕著な特徴をもつ人間が、よりにもよってこの邑へ集まって来たものだ、とても人間業《わざ》とは思われないものがある。見方を変えて言うならば、生涯退屈せずに楽しめるオモチャを加美様が私に与えて下さったものとさえ思える節がある。

加美は、花一つでさえ数知れない種類を作っている。もし、地球上がただ一色の花で満ち満ちていたとすれば、花を見る感覚は砂漠を見るに等しいものがあるであろう。大倭の邑人の中には、私に反抗する者や盲信的追従者もある。また、私を宗教人や社会事業家と見る者や、邑の最高権力者と見ている者もある。私個人の中にそのように見える多くの要素が内在しているとすれば、私は恵まれた人間として誠に有難い。たとえ人が何と言っても、私は私である。もし多色彩が調和を保つ、加美の摂理に添う大倭紫陽花邑であるならば、私が生存する限り否死後にあっても、この邑は盤石《ばんじゃく》の構えを見せながら、神のまにまに転化の道を歩んでゆくものと、私は信じて疑わないのである。

宿縁の地

ここ大倭の地はもと須加宮《すがや》といい、聖武《しょうむ》天皇の皇后に立った藤原安宿媛《あすかひめ》（光明皇后《こうみょう》）幼少の頃からの宮宅地《きゅうたくち》であり、ここは悲田院《ひでんいん》、施薬院《せやくいん》の旧蹟だと伝えられてきた。言わば日本に於ける社会福祉事業（昔は慈善事業）発祥《はっしょう》の地となる。ただしこの問題に関しては、歴史的裏付けをする資料は今のところ大和では見つかっていない。私は歴史的な問題は論外として、こうした尊い伝承のある土地で、悠久千有余年来埋もれていた皇后の心を、今の世にこの縁《ゆか》り深き須加宮の地で再現するとの重要性を痛感するものである。私は昭和二十二年からこの地で、姿なき女性光明皇后と肉体をもつ私が、家族の形で同居しているのである。皇后には多くの家の子がいるので、私は毎日を賑《にぎ》やかに暮らすことができる。

地下水の如く　清く流れ
紫陽花の如く　美しく咲け

は、皇后が紫陽花の一輪を見せて、私に示された言葉である。これは現界に居る私に対し、霊界から彼女の宿願を託されたものと私は受け取っている。

昭和三十年だった。皇后の慈善博愛の強き思念や私がもつ「神ながら」信仰、それに加えて終戦から十年にわたる社会情勢の変革、邑の転化等多くの条件が一丸となって、社会福祉法人大倭安宿苑がこの宿縁の地に誕生し、同三十一年から発足を見るようになった。

当初は「身体上又は精神上、著しく欠陥があるために、独立した生活を営むことができない人々に生活保護を行うことを目的とする」（生活保護法）救護施設須加宮寮で、この種の施設は奈良県下では最初の設置であった。発足時の入居定員は三十名だったが、今は百名に増員している。

次いでそれから十年を経過した昭和四十一年には、特別養護老人ホーム長曽根《ながそね》寮が新設された。ここは六十五歳以上の者で「身体上又は精神上、著しい欠陥があるため常時介護を必要とし、かつ居宅においてこれを受けることが困難である人々に対して養護することが目的である」（老人福祉法）と定められている。

更にこれらの福祉施設に隣接して、昭和四十五年に奈良県立菅原園が設置された。勿論、大倭の福祉法人が受託運営する約束があったからでもある。もとは重度肢体不自由者更生援護施設だったが、今年度の法の改正に基づき「身体障害者療護施設」に改められた。定員は五十名、本年四月からの発足にて、全国四ケ所の一つである。この種の施設は「身体障害者であって、常時の介護を必要とするものを収容して、治療及び養護を行う施設とする」（身体障害者福祉法）と定められているのである。

このように大倭にある三福祉施設は各々特殊性をもっているが、共通するところは、この三施設に入苑している人々は、ここが終生の生活の場であり、終焉《しゅうえん》の地でもあると言える。更生して社会復帰の可能な者はこの施設へは来ないようになっている。それがためこの施設で暮らす二百人の住苑者に対しては邑人として扱い、この福祉事業に従事する職員達も、介護の任に当たる家族の立場をとっているのである。

楽しんで日々の精進を

私は十六年間、大倭の福祉施設を育てて来た（精神的に）が、法に基づいての運営であるからそここには幾多の問題点はある。然し私は大倭の施設へ入苑する以前の住苑者の家庭を眺めるとき、そこに重要な幾多の社会問題が個人家庭の中に押しつぶされて潜んでいる事実を知って、ひしひしと身にこたえるものがあった。

これと同時に最近の福祉施設の在り方と言えば、肝心の福祉精神を忘却して福祉事業に専念する傾向が特に顕著になってきた。建造物の優劣を競って、より豪壮なものへと変移してゆく現象は、端的にそれを物語っているようだ。施設で働く職員達、特に介護の任に直接たずさわっている保母や寮母達の待遇の向上を図ることも有難いことだが、またその反面、施設運営の上から職員の辞職を恐れて手のかかる入園者は体よくこれを避けるという利巧さ、こうした事実を見るにつけ、思うにつけ、一入《ひとしお》悲しみの切なるものがある。広く社会福祉の立場から見れば、福祉施設はその一部分の存在に過ぎない。しかるに年と共に高額な公的費用を投入して、こうした各種の施設が全国的に増設されつつある現状のようだ。あたかもそれは犯人逮捕にのみ囚われて防犯を軽んじ、治療にのみ専念して予防を忘れるの類に等しいのである。

社会福祉の原点は社会的連帯性をもつ各家庭の中になければならないと考える。もし総ての家庭が経済的基盤を確立し、家族達は相互扶助の心をもって仲良く調和が保たれたとすれば、そこに自から立派な福祉社会が生まれるのは理の当然と私は思う。然しこれは永遠に実現不可能な単なる空想に終わる事実を、われながら認めざるを得ない。哀愁の限りである。

私個人は世にも稀な恵まれた人間の一人である。それは加美のお蔭で私は安心した「死」につける大倭紫陽花邑の舞台が与えられたからである。この喜びを私は命の果てるまで、気の向くままに、宗教活動や社会福祉の面で広く社会へ還元する覚悟のもとに、楽しんで日々の精進を続けているものである。

（昭和四十七年九月四日）

涙の掛橋をゆく

『おおやまと』第109号
昭和50年12月発行

自然は美しい

木枯しの吹く晴れた日（十二月二十六日）の昼下り、二十余年前に植田善良《ぜんりょう》さんが接《つ》いでくれた柿の木、すっかり散り失せた葉なしの枝に、濃紅に輝く柿の実がいかにも重々しく鈴なりに垂れ下がっている。晩秋の陽に映えた木々の間で、まさに宝石を散りばめたように、ひときわくっきりと浮かび上がって目を見はらせる。脳裏《のうり》をかすめるものがあった。

錯覚だろうか、いや現実だ。

思いもよらぬ濡羽《ぬれば》の鳥、一羽、何処《どこ》からきたのか、ふんわり止まって、あたりに気を配りながらコツコツと突つき始めた。人が居るのに気付いたのだろう、急に飛び立った。

「悪かったなあ」

と秘かに詫びながら、春雪を思わせる白い庭いっぱいの山茶花《さざんか》の花ビラ、しずしずと踏みしめながら、忍び足で近づいてみた。はっと立ち止まった。ガクのあたりにくちばしで突ついた深い傷あとがあり、滴《したた》るよな甘味を漂《ただよ》わせ、細い折れた小枝にしがみつくような恰好で柿の実は無心に草葉の蔭に置かれてあった。

「有難う‼」

鳥がメッコを入れる実は一番味のよいものに決まっている。唇をそっと舐《な》めながら手にとった秋のみのりに、

「山の加美《かみ》さん、おおきに」

宝物でも拾った気持で撫《な》でくり回していた。

その瞬間だった。二本しかと結びついた松の枯葉が、強い勢いで首筋からもぐり込んだ。冷たく痛みさえ感じた。これにも神慮があると思い、

「ああ、済まない、済まない。お前らの恩は片時も忘れたことはないよ」

と語りかけながら梢《こずえ》を見上げると、その古びた幹を庇《かば》うように斜光線を浴びた真赤な紅葉が穏やかにゆれ動いて、まるで手招きしているように見えた。

自然は美しい。調和の姿は更に美しい。人はこの天然の心の中で生かされている。

加美のまにまに

私達がこの須加《すが》の霊地に居を移したころ、私がその記念に手ずから植樹した小さな松・桧・楠や桜・梅・楓《もみじ》などは、大倭《おおやまと》の神地、五百年、一千年先の風景を夢に観ながら、その種別に応じ、その最も適切な場所を選び、わが心情を懇《ねんご》ろに言いふくめて、入念に、一本また一本と、農事の余暇を

見ては定植したものだ。

大倭三十一年（昭和五十年）も早や暮れに近づいた。庭に佇《たたず》んであたりを見渡せば、見るもの触れるもの、そのすべてに私の祈りがあり、託した私の心がある。今や四季の移り変わりに随《したが》って、大倭の「加美ながら杜《もり》」は、戦後三十年の流れを無言に示しながら、年毎にその荘厳《そうごん》さを加えつつある。嬉しいことだ。

回顧するに昭和二十年八月十五日は、戦前の私（隆家）は他界し、今の私（日聖《にっしょう》）が生まれた日にも当たる。

この新しい生命は、八百萬《やおよろず》余の霊界人達が神集《かみつど》い神議《かみはか》りの結果、民族の故郷大倭の長曽根《ながそね》、登美《とみ》の地に、生成し化育されたもののようである。敗戦の日は私にとって、戦後の社会の中で「自分は何をなすべきか」の神慮をはっきり自覚できた記念日ともなった。

それ以来の私は、素直に「加美のまにまに」自分の意思とそれ以外の意思をうまく調和しつつ、地下水的行動を執《と》ってきたつもりである。こうしたことを、口では「無計画の計画」とか「無統制の統制」といった気障《きざ》な言葉でお茶を濁してきた。実の所、私には、こうした内容の話を、言語によって他人に伝える能力に欠けている事を知っているからである。

風流な貧乏生活

街頭宣布の影響もあったが、大倭の現在地に入ると、求めずとも縁ある人々が集まってきた。誠に多種多様な人間像で賑《にぎ》やかだった。藤原安宿媛《あすかひめ》、後の光明《こうみょう》皇后が女房役を受け持ってくれたので、今日の大倭紫陽花邑《あじさいむら》がある。だが、日常の些細なことにまで気配りをしてくれたのでうるさい事もしばしばあったけれど、結果はいつも媛の言いなりに随った。

秋の夜は長い。薄暗い小油燈《ことぼし》の光の中で、山賊みたいに石組の炉を囲み、焚柴《たきしば》を折ってはくべながら、夢のような大法螺《おおぼら》を吹いたもんだ。門人達に、

「今夜もまた、炉端談義が始まった」

と笑われたことも記憶に残る。だが今みる大倭の実態は、そのころ退屈しのぎに吹いた大法螺の音色のようになった。実は、この大法螺のネタは殆《ほとん》ど光明皇后の入れ知恵だったことを自白しておこう。

壁や戸締りの無い掘立小屋の生活は寒かった。飯の上に雪が散る日もあった。狸が近寄って我等の食事を眺めていたこともある。門人が半長靴《はんちょうか》を振り上げ、狸めがけて投げたところ、力が余って前の鏡池へドンブリコという喝采《かっさい》の一齣《ひとこま》もあって、結構面白い貧乏生活だった。松の梢を仰ぎ、水

に浮かぶ月影を眺めながら露天据風呂につかっていると、頭上はるかに鳴き渡る時鳥《ほととぎす》、五月《さつき》の声を残して何処かへ立去ってゆく。赤貧《せきひん》洗うが如き暮らしの中にもこうした風流さもあった。

跣《はだし》の小学生たち

その反面、経済的生活の基盤は農耕だけだったので、黒豆二つを浮かべたようなお粥をすすって朝星夕星、体力の続くかぎりの重労働を敢《あえ》てやらねばならなかった。十一月の中旬、稲が頭を垂れ色づき始めたころ、霜柱を踏みながら跣のまま田の尻畦《しりげ》掘りにも行った。泥足は感覚がなくなって鳩のように真赤に変わっていた。これもゴム靴を買う金が無かったからである。

現金収入の大部分は、女達の肩と足にかかっていた。野菜の苗は青物屋へ、草花は旅館などへ振り売り、農作物は大阪あたりへ担ぎ込むという方法をとってくれた。鉢巻きを締めゲートルを巻き、牛の尻を叩いて、一本梶の牛車に満載した大根を市場へ出荷したのもこの頃だった。私には生涯、これが始めであり終わりであるという貴重な得難い人生経験となった。

大倭には子供が多かった。毎朝、集団で天王山《てんのうやま》の峠を越え、一キロ余りの野道を歩いて富雄南小学校へ通った。子供らは「黎明《れいめい》大倭」を合唱し歩調を合わせていた。学校が近づくと一斉に立ち止まって、手にした下駄や草履を履き始める。子供達は、家から此処《ここ》まで跣で歩いてきたのである。

下校のときは道端に落ちている枯枝など、焚物《たきもの》になるものなら必ず拾って帰宅する。こうした子供達の自発的行為も、子供なりに生活の中から経済的貧困のきびしさを肌で感じていたなればこそ。今もなお想うにつけて胸がつまり、新たな涙がにじんでくる。当時、子供達の入浴までよく世話をしてくれた、今は亡き金泉日紘《にっこう》が偲《しの》ばれる。また大倭の重い経済を担って活躍している中堅層の中に、この時代の数人がいる。

無間《むけん》地獄をこえて

その頃、着のみ着のままで飛び込んできた多くの人々の中で、宗教的なものを求めて入門した者はほんの数人に過ぎなかった。ほかの者は、その大部分が家庭的事情や対社会的な何か難題を抱えているため、一般社会では自活しにくい立場に在るもののようだった。人には必ず衣食住がついている。先に紹介した氷山の一角でも分かるように、人間の認識ではとうてい明日はどうなるか、一寸先が闇だったドン底生活の状況の中で、

「来る者は拒《こば》まず、去る者は追わず、去来するものは大小紅白、総《すべ》てこれ縁者なり」

と霊人（奇稲田姫命《くしいなだひめのみこと》）は語る。この言を信じこれを実行すれば必ず死ぬ。自殺行為に等しい。だからといって恐れをなし、霊人に背を見せることは自分の本心が許さない。私は利害、感情、自己擁

護、これら一切を血の出る思いで抑制しながら、素直に実践を続けた。私にとってそれは筆舌に尽し難き無間地獄の責《せめ》そのものだった。自分の余命はあともう幾ばくもないと思ったので、この心境を永き生命をもつ杉や桧に託して植樹し、自ら慰めたものだった。

夜が更けてあたりは静寂そのものだった。時折落ちる松毬《まつかさ》の音が、いやに大きくあたりの静けさを破る。独り天王山に静座し、遥《はる》か西方に横たわる生駒《いこま》の霊峰を拝して、

「自分が積み重ねた過去世のマガツミは、これだけのきびしい苦難を受けなければ祓《はら》い清める事ができないものか。

これが果して今世で消滅することができるものであろうか。

こうした状況が、もし五ケ年と続くならば、自分の肉体は極端な心身過労と栄養失調で、恐らくこの世には実在しないのだ。

自分なりに悟ったつもりの天賦《てんぷ》の大使命とは、一体何だったのだろうか。」

苦悶《くもん》が体内をかけめぐる。天を仰ぎ、地にひれ伏し、思わずほとばしる「雄叫び」の声は、いつしか流星の如く光明子安宿媛と固く抱き合い、互いに嗚咽《おえつ》する涙に転化していった。今ではこれがわが魂の奥深く刻み込まれた過去の懐かしい力強い想い出となって、永遠にわが心から消え去らないものとなった。

真剣勝負に賭ける

これを契機に、私は明日を考えず自分自身が己れに課せられた苦難の道をどこまで事実耐え忍んで精進《しょうじん》することができるだろうか、更に自分の信念と自分の肉体がこのドン底生活の中をどこまで持ち堪《こた》える事ができるだろうか、試すことに踏み切った。もし気付かずにその限界を越えた場合は、私に死が訪れる時である。その心境たるや、まさしく広大無辺なる花園に在って、生か、死か、加美の審判のもとで立合う真剣勝負そのものだった。

加美のお計らいか、己が享《う》けた宿命のなせる業か、お蔭をもってこの泥沼生活は僅か三年足らずの短期間に過ぎなかったのである。ここで私は宗教人としての第一関門だけは命を賭けて辛うじて通過することができた。折しも昭和二十四年夏の出火は、一物《いちもつ》余すことなくそのことごとくを灰燼《かいじん》に帰して、綺麗さっぱり祓い清められた。名実ともなう裸の再出発を余儀無くさせられたのである。さあ、これからという明くる年の夏、四人の子供を残し、三十七歳を一期《いちご》にわが妻は、私より一歩先に他界（昭和二十五年九月六日）してしまった。故事にある「吾妻《あづま》はや」と嘆かれた日本武尊《やまとたけるのみこと》の心情が強く胸を打つ。

涙の掛橋

十二月六日、大倭神宮月次祭《つきなみさい》、本年最後の日に当たる。静かに降り注ぐ秋雨の中で厳粛な祭典を執り行なった。私が今年一年間のお蔭に感謝の祈りを捧げまつったその瞬間のことだった。何処から降って湧いたか、無数の霊人達がこちらを向いて群集し、一斉に両手を挙げて、

「やさか（弥栄）、やさか」

と連続的に叫んでいる。その声は天地にどよめき渡った。

反射的に、私の両眼からは小粒の涙が噴き出すように流れて足許に落ちる。吐く息は小さく、吸う息は大きく波打つ。声は全然でなくなった。

思えば敗戦の日、この土の上に額《ぬか》ずいて流したあの涙、爾来星霜《じらいせいそう》三十年、同じ土の上に、いま無心に流れたこの涙、涙と涙の掛橋は一体何を物語っているのだろうか、神慮のほどは深くて分からない。後世のためここに書き残したこの短文の中にも、涙の掛橋に使われた重要な素材が秘められていることを感じてほしい。

この一文は、大倭の流れの中で一番人間的苦難のころを連想しながら書いたものだから、その間、何回か瞳を曇らせ、手をおいて顔を伏せた。当時の実像が止むことなく頭上に去来しているのでぺ

ンの運びが進まない。白々と夜が明けてきた。神地の杜は小雨に煙って、木々の梢はことのほかぼやけて美しい。

地震を思わせるような大音響を残して、哀れ一羽の野鳥は軒下にその屍《しかばね》を横たえていた。一枚硝子の雨戸へ体当たり、くちばしは折れ、頭を割って無慙《むざん》な姿になり果てていた。この現象は？

真珠湾にとどろく爆音の響きが遠くから聞こえてきたような気がする。

やっぱり今朝まで引っぱられたなあ。

（昭和五十年十二月八日）

わが内なる平和大行進

『おおやまと』第128号
昭和52年8月発行

平和大行進の人々と

広島原爆記念日が近づいてきた本年六月二十九日の日没のころ、大倭《おおやまと》会館で始められた夕食会に私は招かれた。それは日本山妙法寺の出家さん等が指導の立場をとり、東京から広島まで徒歩にての平和大行進の人々からで、彼等は二十七日の夕刻京都方面から南下して奈良に入り、大倭で三十日の朝まで滞在、昼間はここを宿にして奈良県北部を歩くという計画のようだった。この一団は数人の出家、中に尼さん一人、総勢三十余名の人々である。二列に並べられた食膳の上位に仏壇を組み立て壇上の中央にビルマあたりで見かける小さな仏像を祀《まつ》り、その下段正面に彼等の師匠と仰ぐ藤井日達上人のカラー写真が安置され、かぐわしき香の匂いが漂《ただよ》う中に供物《くもつ》もあり、荘厳《そうごん》にして簡略な飾り付けが施されていた。

彼等とは初対面である。一同は食膳の前に行儀よく坐っていた。仏壇の前へ私は案内されたが尻がもじもじする感じだったので遠慮した。大倭はお互いに拍手《かしわで》を打って相手がもつ人格・魂・生命体・宿命等に対して礼拝するのだが、法衣をまとった数名の出家さんは日本で見る僧侶とは違った頭地礼《とうちれい》の形で懇《ねんご》ろに挨拶をされる。おのずとそこに相通ずるものを感じ心の温まる思いがした。

献立・調理は彼等の手で作られ、私らは御馳走になって有難かった。小皿に残った醤油などお茶で洗い茶碗に移しお箸でかきまぜて口に入れたとき、思わず向かい側に目が走った。出家さんも同じことをしている姿を見て、この人達なら本当に平和運動のできる人々と思えて嬉しかった。むかし日本山の食事は生食《なまじき》だったので、今回の招きもその覚悟で参ったのだが、時代の開きを思わせる一般食だったので思わず内心よかったと声なき声が出た。私には一般人も参加していることだから日本山流にやられては困る人もあるだろうといった老婆心があったからで、ちょっと恥しいものがあった。食事が終わって自己紹介になり、そのあと大倭のことを知りたいという要望があったので、十時ごろまで口から出まかせの大法螺《おおぼら》を吹いたあと出家さんと暫《しばら》く雑談を交わす。向こう側では若者達が静かにギターをひきながらそれぞれの自由な姿で遊んでいた。この対照的な彼等の雰囲気が私にはとても楽しいひとときであった。三十日の朝彼等は大倭を立ち、あと数日県内を行進する予定らしかった。

日本山の平和運動は藤井日達上人を主軸として展開されているようで、印度での彼の行動は、ガンジー塾の人々と文化交流をもち指導的立場でその生命を打ち込んで活躍している福岡の杉山龍丸さんの話の中で、時々面白く聞かされることがあった。一度もお目に掛かっていないのに何か親近感をおぼえる御仁《ごじん》である。日本山は日本や印度などで仏塔を建立《こんりゅう》し社会平和を祈念してきた宗教団体で、とても静かな気魄《きはく》に満ちた人々の集いのようである。

昭和の初め、私が学生で東京に下宿していた頃のことである。天皇陛下が宮城から出御《しゅつぎょ》なさるとき宮城前広場の警備はことのほか厳重で、軍隊によってその沿道は作られ水を打ったような静かな物々しい緊迫した状況だった。まるで陛下が敵陣へ乗り込むような情景である。この静寂を破る太鼓の音、憲兵や警察に逮捕されていたのが日本山の出家だった。あのヒゲ題目を丸く書き、肩まで垂れた黒い頭巾《ずきん》をかむり、大型のウチワ太鼓を左の肩にあずけて日蓮宗と異なった単調な力強い勇壮な打ち方をする。無抵抗で連れ去られる彼等の悲痛な声は、ただ「道中の御安泰を祈っているんだ」の繰り返しだった。いま日本山の出家さんと話していると、こうした彼等の先人達が歩んできた尊い足跡が彷彿《ほうふつ》として眼前に浮かんできたのである。

阿波踊りもまた

日本は原爆投下による被害を受けた国である。広島原爆記念日を頂点とした平和運動は今や世界に向かって拡大しつつある。誠に有難い現象といえる。私も共感をおぼえる一人である。然しこうした平和運動に専念している主導者達は平和ということをどう理解しているのだろうか。戦争反対、核廃絶などのお題目は万人が双手を挙げて喜ぶ響きをもっている。だが同じ目的に向かって運動するのに何故各種の団体を結成しなければならないのか、その辺が私にはさっぱり分からない。こうした形の行動を平和運動と認めるならば、社会平和は前途遼遠《ぜんとりょうえん》といわざるを得ない。核兵器が地球から消え失せ、戦争が人類から無くなれば自から平和は生まれてくるものだろうか。

平和社会といえば、すべての人々が争いもなく豊かで穏かな、喰うには困らないあたかも春風に吹かれて花園に遊ぶような状態を指しているのでなかろうかと思う。これはあくまでも理想境に過ぎないもので、現界でない所に或いは実在するかも知れない。住みやすい社会は誰もが望んでいる。だとすればそれは実現不可能な理想境であっても、皆がたとえ一歩でも近づけるような人間づくりに努力しなければなるまいと思う。

この世に生存しているすべての人は、その人に応じた何かの天賦の使命を負わされている。そうした観点に立てば人には善人も悪人もいないといえる。その善悪の振り分けの尺度は人間が便宜上作ったものに過ぎない。時代の流れは時々その時代即応に尺度を変える。過去の悪人が現代の善人に転化することも往々にして在りうることである。世界平和を目標に、それぞれ各人各様な考えでその運動に取り組むことも結構、戦争反対、原水爆禁止を叫んで大衆運動を起こすのも平和運動の一環であり、大いにやるべきだ。然し私には彼等と轡《くつわ》を並べて行動を共にすることは許されないものがある。人は人、私は私というものがある。

毎年夏、執《と》り行なわれる広島原爆記念行事は年毎にその盛り上りを見せてきたのと、時を同じくして催される徳島の「阿波おどり」の熱狂ぶり、どちらも私には平和運動の対照的な社会的有意義な行事として把握できるのである。

地下水的社会福祉

有形無形を問わず、ものには顕幽《けんゆう》があり、表裏《ひょうり》があり、陰陽があるように仕組まれている。この加美（自然）が造った仕組の条件の中に我々は生まれ生存しているのが現実である。平和運動にしても顕陽的行動は各種団体によって推進されているので誰にも分かり易いが、幽陰的行動は表にははっきり出ない面があるので大衆的には分かり難いものがあると思う。あの群集に酔い、踊りに熱狂する阿波おどりの場は後者に近い平和大集会のヒナ型のようだ。武道や芸能の世界を見てもそれはいえる。師匠は弟子に自分の業《わざ》を仕込もうとする。表の型は簡単に伝授できるが、その裏にある手の内の秘めた業は弟子が修練のなかで師匠から盗み取って初めてその道の人になれるものである。平和運動のスローガンは万人が理解できるし賛同したくなる。馳《は》せ参じた群れの統一したものがいわゆる団体となる。更にその群れが団体として行動を始める。運動の方法としては大集会や大行進を行なう。当然の事だが、団体は個人の集合体である。その個人は平和運動に参加する資格があるかどうか、問題である。私は自他の幸福を真から祈る心や、わが身を抓《つね》って人の痛さを知るような人に対する思いやりの心などの持主であらねばならないと思う。もし集団の中の個にこうした心情が希薄であるとするならば、その行動は狂人に刃物といった危険性が伴うことになる。平和を高揚し過ぎて闘争に転化しないようくれぐれも心すべきであると思う。

私の仕事は裏の役目のようだ。その故に私は自分に課せられた使命の範囲内に於いて、神のまにまに私なりの行動を推し進めてきた。それは地下水的社会福祉を目ざした運動のことである。但し私の運動には私の意思が半分しか含まれていない。これについては簡単な説明がいる。この事は折に触れて人に語ることもあった。解り易く言うならば私の体には二人の姿なき人間が棲《すま》っていて、検討したあげく互いの意見が一致したとき、それが現界に於ける私の行動として具体的に顕現《けんげん》する。初めて聞く人ならば一応は奇異に受け取るだろうが、私にはこれが事実であるのだ。その内の一人は、この肉体（私）の受胎、誕生から今日まで共に流れてきた僅か六十六歳の若者で、もう一人は年齢のつけようがない古老である。この若者は古老から細胞分裂したような関係にある人で、この古老の意思によってこの若者はこの世に生を享《う》けたことになる。然しこの両者には別個の時代的人格がある。肉体を授けられた若者は、降誕の瞬間すっかり古老の意思が分からなくなって、自分の意思通りの行動に突っ走ることも少なくない。そこで両者の対立も起こる。ところが難儀なことに若者には二人の棲家《すみか》である肉体を守る責任があるのと、絶対この肉体を放棄できない深い深い絆で結ばれているがため、最終的には古老の意思に随《したが》わざるを得ないことに落ち着く。十七、八歳の頃はかなり距離があったが、三十歳近くにはその間隔はかなり接近してきたのである。六十六年の私の過去は、その流転《るてん》の足跡は、これら二人が演じた人生劇場だった。この劇はまだ終わってはいない。いつ幕になるのやら、これからどんな演技をさせられるやら、さっぱり今の私には分からない。

平和な人間像

一般の人が望んでいる平和社会は住みよい社会を指しているようだ。それを制度の上に求める人が多い。それも悪くはないが、誰かがするだろう、してくれるだろうという甘ったるい考えの人も多いようだ。自分の手でやるのだ。やらねばならないという積極的な自覚がほしいものだ。それは広く世間というより、自分個人及び家庭の問題として取り組んでほしいのである。社会は相互扶助で成り立つ協同体であるからだ。長年苦悩をもつ人々の相談に応じてきた私が常に気付くことだが、国家社会を云々する前に個人並びにその家庭の人々が、自らの手によってその家庭や自分を治めることが、如何《いか》に社会的に見て重要な意義をもつものかと痛感させられた。ここで幸せに暮らせる人間像を簡略に述べるならば、人に責任を押し付けない心、個性や能力の差異を認めながら人と調和できる心、人の命の尊厳さが分かる心、苦楽を共にできる心、衣食住に囚われない心、利害に走らない心、人間すべて自分の仲間と感じられる心など挙げれば切りがないが、以上のような心の持主が平和社会の原点になると考えられる。この個の波紋が広がることによって住み易いこの世が生まれてくる。換言すれば平和社会は個人の手の内に実在しているものといえる。ここで人間形成の難かしい問題に突き当る。

大倭紫陽花邑《あじさいむら》は私の意思、計画によって始めたものではない。終戦と同時に加美の摂理によって自然発生を見たものだ。三十二年の歳月を振り返ればおよそ現在の邑の姿（形や人）など夢にも考えられないものだった。自分が今日まで生き長らえられたことだけでも不可思議である。つらつら想うに一個の人間を平和の核（昭和維新の比登柱《ひとばしら》）として仕上げるのに、加美はこんな大仕掛けな気長な（誕生以前から）仕組みをされるものかと、ただ恐《かしこ》み恐《かしこ》むのほかはない。最後に大倭紫陽花邑というこの舞台に、よくも各種の人間を寄せ集めて私の人づくりに充《あ》てがわれた。善悪、邪正《じゃしょう》、大小、紅白の入り乱れた集団生活の中で、私はその生活を維持しながら泳がされたものだ。加美は実に冷酷な残忍な杖をかざして修練させる。先に平和な人間像として列挙したものは、いま私が永年にわたって加美から受けた荒行の結果、ようやく自分の手の内に納まった心情の数々に過ぎない。だが一番大切な加美の事だけは、筆舌では表わしようがないので省略しておいた。ここに到達するまでの人生行路は私には生死を超えた足跡であり、幾千万という姿なき人々（霊界人）と共に歩んできた平和大行進だったのである。

ただいま被爆三十三回忌広島平和祈念式典が行なわれている。ペンをおいて黙祷《もくとう》を捧げた。私はその瞬間、長崎の被爆者、靖国の英霊達にも、敵方の戦没将兵にも、空襲によってその生命を亡くした銃後（非戦闘員）の精霊に対しても、生き残った日本人の一員としてこれら万霊の冥福を祈ると同時に、更に自己の使命に向かって挺身《ていしん》することを誓ってこの稿を終わることにした。

（昭和五十二年八月六日）

著者

矢追日聖（やおい　にっしょう）

一九一一年（明治四四年）十二月二三日、奈良県生駒郡富雄村大字中字藤ノ木二二四七番地（現・奈良市中町二二四七番地）に生まれる。

一九三四年（昭和九年）、立正大学史学科卒業。

一九四五年（昭和二〇年）八月十五日、敗戦の日に大倭教を立教開宣。神ながらをもといとする宗教活動を始める。

一九四七年（昭和二二年）十月三〇日、活動の拠点を現在地（奈良市大倭町一番一二号）に移し、生活共同体大倭紫陽花邑が誕生する。

一九五六年（昭和三一年）、社会福祉法人大倭安宿苑を創設。

現在、救護施設、特別養護老人ホーム、障害者支援施設（旧身体障害者療護施設）、ケアハウス、地域包括支援センターなどがある。

一九八七年（昭和六二年）、大倭病院を設立。

一九九六年（平成八年）二月九日、帰幽。

著書

『ながそねの息吹』（野草社）

ことむけやはす［一］

新版
やわらぎの黙示

一九九一年十二月二十三日……第一刷発行
二〇二一年三月十三日……新版第一刷発行

著者
矢追日聖

発行者
石垣雅設

発行所
野草社
〒一一三―〇〇三四　東京都文京区湯島一―二―五　聖堂前ビル
電話＝〇三―五二九六―九六二四
〒四三七―〇一二七　静岡県袋井市可睡の杜四―一
電話＝〇五三八―四八―七三五一

発売元
新泉社
〒一一三―〇〇三四　東京都文京区湯島一―二―五　聖堂前ビル
電話＝〇三―五二九六―九六二〇

企画
大倭出版局
〒六三一―〇〇四二　奈良県奈良市大倭町一―一二
電話＝〇七四二―四五―一一九二

印刷所
大倭印刷
〒六三一―〇〇四二　奈良県奈良市大倭町二―四六
電話＝〇七四二―四四―〇〇一一

製本
榎本製本

装幀
青山　貢